JN180777

経営コンサルタント
中村 穂

正しい

ビジネスに絶対欠かせない!

「値決め」の教科書

すばる舎

この本は、こんな人に読んでいただきたいのです!

- 新規開拓先に見積り提案をしなくてはならない。いくらにしたら、今後も長いお付き合いができるだろうか?
- 夏物セールの値決めを任された。できるだけ安くしたいけど、ギリギリいくらの値段が付けられるだろうか?
- 材料が値上がりしているので値上げしたいが、顧客に受け入れてもらえるだろうか?
- ライバル社が安売り攻勢に出てきた。ウチは原価すれすれだが、対抗して値下げをしたほうがいいの?
- わが社期待の新製品、経営者の自分が値段を決めなくてはならない。どうやって決めたらいいんだ……。

こんなふうな
経営者、
営業マン、
お店の販売員、
商店経営者
など

どうやったら「正しい値決め」ができるだろう――はじめに

ビジネスと「値段」の深い関係

ビジネスに携わる人は、必ずどこかで「値段」を決めなければならない場面に出会うものです。そのつど、「ああでもない、こうでもない」と悩みに悩んで値決めをしますが、決めた後も迷いは尽きません。

もう少し安くすればもっと売れたのではないか？　もっと高い値段を付けてもよかったかも……。あの値決めで正しかったのかと、決めた後でも悩んだりします。

値決めがむずかしいのは、複雑な要素が絡むうえに、いろんな考え方ができるからです。

普通はまず、**商品やサービスのコストに一定の利幅を乗せて値段を決めます**。なぜなら、利益があがらないと事業も続かないからです。

利益をあげて、出資者には配当を出します。従業員には給料を払って利益を分配し、利益に応じた税金を納めて社会に貢献もします。

利益の中から設備投資などを行なって、より良い商品やサービスを提供できるようにしたり、より安価に提供して、顧客に還元することも大事ですね。ですからまず第一に、**正しい値決めとは、コストを上回って「利益」が出る値決め**と言ってよいでしょう。

■コストに利益を上乗せして価格を決めるが、市場のことも考える

コストには、第一に商品やサービス自体の「原価」があります。製造業なら「製造原価」、販売業なら「仕入原価」と呼ばれるコストです。

ただし、原価だけがコストではありません。

販売員の人件費など、販売費もコストのうちです。さらに、総務や経理といったスタッフ部門の人件費、家賃や水道光熱費といった事務所の経費、消耗品や事務用品などの一般管理費まで含めてコストと言えます。

こうしたコストのしくみを知って、それを上回る値段を付けることが、まずは正しい値決めの第一歩と言えるでしょう（→第1章、第2章）。

では商品やサービスのコストに、どれだけ利益を乗せたら正しい値決めになるでしょう。

一般的には、値段が安いほうが商品やサービスは売れるものです。ですから、できるだけ利幅を薄くして値段を安くし、たくさん売って利益を増やそうという考え方もできます。いわゆる「薄利多売」という考えです。

たとえば、スーパーで売るティッシュペーパーをコストぎりぎりの値段で売り出したら、安売りに敏感な人は飛びつくでしょう。

でもこれが、駅の売店で売るガムやキャンディーだったら?

もともと安価なものですし、それ以上にぎりぎりの安値にしたら通勤客に飛ぶように売れる——とは想像しにくいですよね。単価が低いですから、逆に値段を下げた分、利益が減って、普通の値段で売ったときより悪くなるかもしれません。

要するに顧客や市場によって、安ければいい場合とそうでない場合があるということです。値決めでは、そういう要素も考えなくてはなりません。**つまり、値決めは「顧客」と「市場」のことをわかって値段を決める**ものでもあるのです(↓第3章)。

原価に利益を上乗せすれば、それでOKというものではありません。

また品質の低いものは、もともと安いわけですから、さらに安くすると顧客はかえって不思議に、不安に思うかもしれません。

安い値段を付けておけばいい、安いほうがたくさん売れて利益が出る、と単純に決めつけるのは危険です。ブランドものの**高級品などでは、高い値段のほうが商品の信頼性を高めて、かえって売れることがある**くらいです。

■コストを割った値段で勝負する方法もある

かと思えば、「損して得とれ」のことわざのように、コストを割った、利益が出ない値決めで利益をあげる方法もあります。

たとえば、**赤字のお試し価格で商品やサービスの良さを知ってもらい、リピーターになってもらって、利益を回収する**という方法はよく見かけるものです。

あるいは特売セールなら、原価割れの目玉商品でたくさんのお客様を集め、同時に買ってもらう商品で利益を確保するという手もありますね。

では、コストに利幅を乗せる方法もアリ、赤字覚悟で顧客をつかむ方法もアリだとしたら、いったい値決めはどうやったらいいのでしょう。

■「最大の利益」が出るようにするのが、正しい値決め

要は、得られる利益が最大になるような値決めをすることがポイントです。

利益が最大限になるなら厚い利幅を乗せるのもアリ、薄利多売もアリ、原価割れの目玉商品もアリ、**要するに利益が増えるのなら、値決めは何でもアリ**なんです。

そこで、ビジネスの世界ではさまざまな値決めの方法が考え出されています。むずかしい計算をして利益をきっちり回収する方法から、思い切ってビックリするような値段を付けてしまう方法まで、それこそ何でもアリです（↓第4章）。

もっとも、どの方法でもいいというわけにはいきません。新製品で一気に市場シェアを押さえたい場合に、きっちり利益を確保して——と悠長な値決めはしてられませんね。

逆に、今期は業績が思わしくない、喉から手が出るほど利益が欲しいというときに、将来の利益のために赤字で——という方法も選べません。そんなことをしたら、たとえどんなに立派な計画を立てて決めたとしても、正しい値決めとは言えません。つまり、**正しい値決めは「経営戦略」に沿っている**ことが大切になるのです（↓第5章）。

そして、いったん値段を決めた後も、実は値決めは続きます。同じ商品やサービスでも、何かあったらそれに対応して値段を変える——別の値決めをしなくてはいけません。

たとえば、シェア拡大のためのキャンペーンを展開する、競合商品が値下げに踏み切った、材料が高騰して赤字になっている、などの場合です。

こういうときに、いったん決めた値段だからと固執することはないのです。**正しい値決めは「変化に対応」して柔軟に変えるもの**です（↓第6章）。

さて、原価やコストの話から始まって、顧客・市場、利益のあげ方から経営戦略まで、値決めにはビジネスのさまざまな側面が関わっていることがわかりました。

そうなのです。

値決めにはビジネスのあらゆる側面が関わると言っても過言ではありません。ビジネスのさまざまな側面を知ってこそ、正しい値決めができるのです。逆に言うと、正しい値決めができるようになるということは、ビジネスのあらゆる側面を知ることでもあります。

■正しい値決めができると「ビジネス」がわかる！

この本では、渡辺食品の若手営業マンである山本くんが、正しい値決めを求めて走り回ります。山本くんがアチコチ回ることになるのは、値決めがビジネスのさまざまな局面に関わっているからなのです。私、経営コンサルタントである中村は第5章まで会話に参加しませんが、それまでは陰ながら、山本くんの奮闘ぶりを見ています。

最初から、私のところに来てくれれば話は早かったのですが、苦労して自分で調べたほうが知識は身につくもの。私は解説など加えながら、山本くんを見守ることにします。

そのようなわけで、**この本は「正しい値決め」の本ではありますが、話は広い範囲に及びます**。読者のみなさんも、走り回る山本くんにお付き合いください。

最後までお付き合いいただければ、ビジネスの数字やしくみなど、さまざまなことがわかって、正しい値決めができるようになるはずです。

2016年7月

経営コンサルタント　中村　穂《みのる》

※本書に登場する商品・著者以外の人物・企業は架空のものであり、実在する商品・人物・企業とは一切関係ありません。

この本の主な登場人物

中村穂先生

ベテラン経営コンサルタント。マーケティングから経営戦略まで、たくさんの企業の相談に乗っている。とくに仕事の数字には抜群に強い。本書の全体の解説を担当。

山本くん

渡辺食品の若手営業マン、入社３年目。熱心さを買われて社長が進める「健康ハニーたくあん」のプロジェクト・チームに参加。ただし、熱意と努力で押すタイプの営業なので、ビジネスの数字には少し疎いところも……。

渡辺食品社長
プロローグ、5章、6章

伊藤主任
渡辺食品経理部主任　1章

木村さん
渡辺食品製造部
原価計算係　2章

小林次長
渡辺食品営業部
次長　3章

加藤店長
スーパーKATOH
店長　4章

※「健康ハニーたくあん」とは、渡辺食品期待の新製品。社長は、和漢の生薬をふんだんに使用しており、健康志向の高まりとともに大ヒットするだろう、と語っているのだが……。

ビジネスに絶対欠かせない！　正しい「値決め」の教科書……………目次

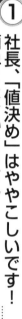

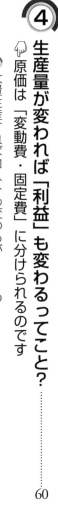

第2章 この製品、「原価」いくらですか？

普通に考えると、「この商品をつくるのに、いくらのお金がかかったか」がわからないと値決めもうまくいきません。そこでまず「原価」のことを押さえておきましょう。

第3章 要するに、いくらなら「売れる」のだろうか？

原価だけでなく、営業の視点で値決めを見ることも大事です。どんなに優れた商品でも、それが売れて、利益の出る価格でなければ、あまり意味はないのですから……。

第4章 要するに、どうやったら「値決め」できますか？

原価も大事だけど、マーケティングの考えも値決めにはもっと大事です。消費者が買ってくれなかったら、どんな値段も意味はありません。そのあたりを見てみましょう。

第5章 結局、値段を決めるのは何なのですか？

値決めにはいろいろな要素が絡みますが、最も大切なのは「会社の方針」です。利益をどれぐらいにするかなど、会社の方針が決まらないと価格もあやふやなままです。

第6章

いったん決めた値段を変えてもいいの？

「価格」というものは、時と場合によっては柔軟に変動させせなければなりません。しかし値上げや値下げは、安直にすると大きな不利益につながります。では、どうすれば？

DTP　ベクトル印刷㈱
執筆編集協力　片山一行（ケイ・ワークス）
イラスト　かねこひろこ&ベクトル印刷

プロローグ

「値決め」って、どこから手をつけたらいいんだろう

ひと言で「値決め」と言っても、原価から考えるか、マーケットの競合他社などから考えるか、思い切って利益は薄く「戦略商品」にするか、いろいろなのです！

この章の登場人物

渡辺社長

㈱渡辺食品代表取締役社長。先々代からの家業を受け継いで会社を大きくした。職人気質の「漬け物屋さん」。そのため、新しい漬け物の開発や生産ラインの研究には熱心だが、「売る」ということに関しては「いいものは売れるんだ」と割と単純である。現在は、新製品「健康ハニーたくあん」の社内プロジェクト・チームを率いて開発の最終段階。

山本くん

熱心さを買われて、社長の「健康ハニーたくあん」プロジェクトに営業部より参加、営業マンの立場から開発に参画してきた。開発も終盤に入り、「そろそろ元の自分の仕事に集中できるかな」と考えていたある日、山本くんは突然、社長室に呼び出される。はたして山本くんを呼び出した社長の思惑とは？

1 社長、「値決め」はややこしいです！ 簡単には、いきません！

値決めを知ることはビジネスを知ること!?

社長ー、お呼びですかあ？

おお山本くん、よく来たな。実は、「健康ハニーたくあん」のプロジェクトで、ちょっと頼みたいことがあってな。まあ、座ってくれ。

ええー!?　「健ハニ」の仕事もそろそろ手離れかなーって思ってたんですけどねえ。

ぶつぶつ言うな。ところでなんだ？　その「ケンハニ」ってのは

ケンコウハニータクアンって長いじゃないですか。社内じゃみんな、そう呼んでますよ

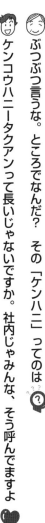

そ、そうなのか!?　なんか重みがないけど、まあ暗号みたいだから、新製品の機密保持という面ではいいかもしれないが……。で、そのケンコ……健八二の値決めをキミに頼みたい

はあ、そうですか……ええっ！　新製品の値段をボクに決めろってこと

渡辺社長、新製品の値決めを山本くんに、まるで丸投げしようとしてますね。あ、申し遅れました、私は経営コンサルタントの中村穂《みのる》です。しばらくは、山本くんの行動の解説を務めさせていただきますので、よろしくお付き合いください。

さて、新製品の値決めを任されそうな山本くん。渡辺社長も、ただ押しつけているのではないと思います。山本くんの教育も考えているのでしょう。何しろ、**値決めについて知ることは、仕事全般について知ることでもありますから**……。

そんなのムリですよ。新製品の値段の決め方なんて、教えてもらったことありません。

値段のことならやっぱり営業だろ。営業部じゃいつも、「上代」がいくらでとか、「仕切り」を下げようとか、話してるじゃないか。そういう感覚をだな。。。

そんな単純なものじゃないですって

社長が言った「仕切り」とは、卸値《おろしね》のことです。メーカーから問屋に卸す価格を言う場合に、よくこの言葉を使ったりしますね。卸売から小売に卸す場合は、「下代（げだい）」と呼ぶこともあります。

これに対して「上代（じょうだい）」は小売が販売する価格、要するにメーカー希望小売価格のことです。希望小売価格は、決める場合と決めない場合があります。

●「値段」と言っても、いろいろある●

このように値段にもいろいろありますが、希望小売価格を決めてもその価格で販売されるとは限らないので、卸す側が決められるのは卸値だけです。**ですからここで、渡辺社長が山本くんに決めさせようとしているのは卸値ということになります。**

営業としては、卸値＝仕切り値は安いほうが売りやすいので、ときどき「仕切りを下げよう」という会話になるわけですね。

ボクらが仕切りと言うのは、割引きとかリベートを含めてですよ。社長が言ってるのは、そのもとになる卸値を決めろってことでしょ？

そうだよ♪

そうだよ、だなんてあっさりと。そういうのって、経営陣が決めるもんでしょ

それはそうだけどな、オレはキミに大いに期待している!

な、な、なんですか、いきなり身を乗り出してきて……

値段を決めるということはな、コストのことも営業の事情も考えなきゃならないし、お客様の事情や考え、市場動向などのマーケティングの知識もいる。キミに、そういうことを覚えてほしいんだよ

業界や会社にもよりますが、**一般に仕切り値と言ったときはそのお客様に対する販売価格を指します**。大量購入してくれるお得意様だったり、現金仕入れなどの良い取引条件だと、普通より割引きして仕切り値を下げることがあるのです。小売の場合でも、セールやキャンペーンで特定の商品の売り値を下げることがありますね。それと同じことです。

このような、**いわば「特別価格」の値決めはある程度、販売の現場の裁量に任されることがあります**。その決め方は後で詳しく見るとして（↓第6章）、特別価格を決めるにも、そのもとになる標準の卸値、通常の販売価格がなければなりませんね。

それは当然、誰かが決めなければならないのです。
ちなみに「リベート」は、販売先に売上げの一定割合を返金するもので、実質的に割引きと同じ効果があります（↓P197）。

商売はな、割引きとかリベートとか、ややこしい。だから値決めもシビアにならんといかんのだよ

そうです、値決めはややこしいんです！　だから社長が決めてくださいよ。僕じゃ、荷が重すぎますって！

そう言わず頼むよ。オレ、健八二の最後の味を決めるので、いっぱいいっぱいなんだよ。

自分のやりたい仕事だけやって、面倒なことは部下に押しつけるんだから。自分勝手な社長だなあ……

山本くんは、渡辺社長を自分勝手と言っていますが、社長、丸投げしているようで、やる気を出させています。おそらく山本くんを見込んで思い切って一任したのでしょう。
しかし「値決め」というむずかしく、ややこしい問題を、山本くん、大丈夫でしょうか。

2 商品は抜群だ……と思っている。頼むから「儲かる」値段を付けてくれ！

じゃ健ハニの卸値、ボクが好きに決めていいんですね。

えっ？　好きにって……そうは言ってもビジネスの常識ってもんがあるだろ。

なんです？　ビジネスの常識って

いやまあ、やっぱり、健ハニで会社がドーンと儲かるような値決めをするってことだよ。

ドーン、って言ったって……。どのぐらいの利益を上乗せするかとか、いろいろあるじゃないですか

そこを、コスト面とかを見ながら……だな。とくに健ハニの場合は、和漢の生薬をふんだんに用い、体に良い食材だけを厳選して、安心安全な原材料を全国の産地から取り寄せているのだ。……その結果、ちょっとほかよりコストがかかってな。原価が高いって、経理部長からにらまれてるんだよ

あんまり安い値段は付けるなってことですか。そうは言っても……。

商品やサービスの値段が、かかるコストを上回ることは値決めの基本です。下回る場合には少なくとも、ほかで利益を回収できる目算がなければなりません。

ただ渡辺社長の場合、「コスト」と「原価」の区別が、はっきりとはついていないような気もします。このへんは、これからの山本くんの活躍に期待しましょう（↓第1章）。

頼むから、損をしない、儲かる値段にしてくれよな。ドーンとでなくて、フッーでいいから。我が社の命運がかかってるんだからさ。

社長もご存じのように、そもそも「健ハニ」って、コスト高いんですよ。自分で先にコストの高い商品をつくっておいて、その値決めとなったら人に押しつけるんだから……。

他社に勝つには、まず品質で勝つ――これが私の信念だ！☆

それはもっともですが、コストかけりゃいいってもんじゃないでしょ。お客さんが望んでるかどうかも見極めないと……。

さすが営業だな。そうだ、そのとおりだよ。そこらへんも含めて、びしっと値決めを頼む

3 社長、やっぱり「儲け」も大事だけど、まず「売れる」値段にしましょうよ！

コストと利益のバランスを考えることも大事！

わかりました。コストのことは調べてみますよ。

頼んだぞ。で、そこにドーンと、いや適当な利幅を乗せてだな……。

いや、そんな簡単なもんじゃないと思いますよ

商品やサービスの値段がコストを上回ると、その上回った分がざっくり言って「利益」となります。商品やサービス1つ当たりで見ると、

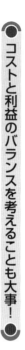

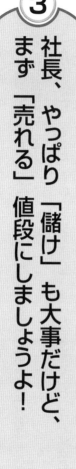

価格－コスト＝利益

ということです。**要するに、価格とコストの差が利益**です。そこで、この計算式だけ見ると、値段は高く付けたほうが利益が増えていいということになるのですが、山本くんの考えは少し違うようです。

そうですね、ギリギリ薄い利幅にしましょう。ガンガン売れる値段にしたいですから。

え、ギリギリ？　なんでギリギリにするんだ

安くしたほうが、ゼッタイ売れますって。利幅薄くても、利益ガンガン出ますよ

商品1つ当たりで見るとたしかに、価格からコストを引いた分が利益です。しかし、たいていの商品やサービスは、1つだけ売るわけではありません。そこで商品全体で見ると、

売上げ－コスト＝利益

という計算式です。特別な事情がない限り、売上げが増えると利益も増えるわけです。

●安ければ売れる、というものでもないのです●

ところで、この「売上げ」は価格だけでなく売れた数にも左右されます。すなわち、

価格（単価）×数量＝売上げ

です。**要するに、値段を高くすれば売上げが増える→利益も増えますが、数量を増やす＝よりたくさん売ることでも売上げが増える→利益が増えるということです。**

たしかに、一般的には値段が安いほうがたくさん売れるものです。もっとも、どんな商品でもそうとは限らないのですが（→第3章）、たくあんのような日常的な食品では、安いほうがたくさん売れると考えていいでしょう。

そこで、利幅を薄くしてもいいから値段を安くしてたくさん売ろう、そうすれば利幅を薄くした分以上にたくさん売れて、利益が増えるという考え方もできます。いわゆる「薄利多売」ですね。営業畑の人が、よくこういう値段と売上げ、利益の考え方をします。

そうかあ？　オレは厚く、とは言わないけど、フツーの利幅取って確実に利益あげたほうがいいと思うが

そんなこと言ってないで。やっぱり、ガンガン売れる値段にしましょうよ。それだけ利益もガンガン増えるってもんです

2人は気づいていないようなので私から補足説明しますと、たくさん売ることにはもうひとつ、利益を増やす効果があります。

たくさん売ると、それだけ大量に生産したり、仕入れたりしますね。みなさんよくご存じのように、**大量生産・大量仕入れをすると、商品1つ当たりのコストが下がる**のです（↓P60）。コストが下がればその分の利益も増えますから、薄利多売の場合には、売上げに比例して利益が増えるのではなく、それ以上に利益が増えることになります。その点からも、山本くんの意見には一理あるのですが、社長の意見は違うようで……。

そうでもないんじゃないか？　消費者の健康志向が高まってるから、体にいい商品なら少しくらい高くても売れるって

そうかなあ？

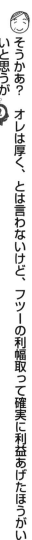

そうだとも。何しろ健康ハニーたくあんは、和漢の生薬をふんだんに用い、体に良い食材だけを厳選して、安心安全な原材料を全国の産地から取り寄せているからな。多少、高くても大ヒットして利益をあげるさ。

商品やサービスに自信を持っている人は、よく渡辺社長のような考え方をするようですね。渡辺社長は根っからの漬け物屋さんですから、自分で開発した商品に自信を持っている。きちんと利幅を乗せて多少、高くなっても売れると考えているようです。

渡辺社長の考えと山本くんの薄利多売の案とどちらが正しいか、今の段階ではわかりません。私に相談してくれればある程度、調べる方法はありますが、今は2人とも自分の意見が正しいと思っているようで。

でも、毎日のように食べるたくあんですからねえ。やっぱり安いにこしたことは……。

大丈夫、毎日食べるからこそ、健ハニは和漢の生薬をふんだんに用い……

それはわかりましたって。いい商品だということを自信持ってアピールしますよ。でも、いくら「本物志向」の時代だからと言って、限度はありますって。

4 そんなにいろいろ言われても……。値決めは簡単ではありません！

「ブランド力」で勝負する方法も……

小売店頭に並んだときのことを考えるとなあ……。ライバル社のつぼ漬けとか、べったら漬けと並ぶわけでしょ？　健ハニだけ飛び抜けて高いってのは、営業としては……。スーパーなんかには、いろんな漬け物がありますよ。そしてその多くは安値なんです

漬け物だって、奈良漬けとか守口漬けとか千枚漬けとかは、高い値段付けてるじゃないか。

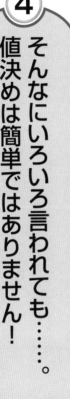

安い値段を付けたい山本くんと、ある程度の利幅を取りたい渡辺社長の話は、まだ続いています。渡辺社長は、伝統的な漬け物の例をあげましたが、健ハニにあてはめるのはちょっ

と無理がありますね。健ハニは、いわば「皆さんに手軽に食べていただく商品」です。歴史のある伝統的な漬け物は、「ブランド」になっているのです。**ブランド力のある商品は、割高でも買ってもらえます。**国産のブランド牛肉は、輸入ものの普通の牛肉の何倍もの値段で売られていますね。でも、渡辺食品は普通の漬け物をつくってきた会社ですから、そんなブランド力は期待できません。

他の商品の値段と比較することも大切ですが、比較する相手を間違ってはいけないのです。このあたりは121ページで。

じゃ、こうしよう。健康ハニーたくあんの発売と同時に、ドーンと広告を打つ。そうすると知名度が上がるから、ある程度、高くても大丈夫だよ。

よく知らないですけど、そんなことあるんですか

あるある。大ありだよ。身の回りの商品と新聞広告とを比べて見れば分かるはずだ。

たしかに、そういうこともあります。広告に予算を多く割《さ》いている企業ほど、商品に高い値段を付けている傾向があるのです。消費者は知らない商品より、知っている商品にお金を出すということですね。そういう意味では、広告を含めた販売促進、プロモーションも、値決めに影響すると言えるかもしれません。

そうだ、オマケを付けたらどうだ？　この前のキャンペーンで大量に余ったわが社のゆるキャラ、「ツケモンくん」のストラップを付けて……

値段にはあんまり影響ないと思いますけど。でも、流通向けの販促として、リベートを考えに入れておく必要はありそうですね。

リベートとは、「売上割戻（わりもどし）金」とか「販売奨励金」といった名称で、取引額に応じて利幅の一部を流通業者に戻すものです。よりたくさん売ってもらうための販促手段のひとつですが、販売価格の調整という側面もあります。

たとえば、標準の卸値はある程度、高くしておき、リベートで実質的な割引きをするといった方法も一般的です。こうした販売価格の調整方法も、値決めでは大事な要素になります。

だろ？　ほかに何か手がないかな……そうだ、体に良くなかったら全額返金しますってのはどうだ？　それなら多少高くても、安心して買ってもらえるだろ？

社長、それは無理ですって。だいいち、どうやったら体に良くないってわかるんです？

●「返金保証」という方法もある●

意外に思うかもしれませんが、返金保証というのも値決めのひとつの方法です。お客様が「この値段で買って効果がなかったらイヤだな」と思うようなときに、値段を下げる代わりに、値段はそのままにして返金保証をするのです。

お客様としては、もし効果がなくても代金が戻ってくるという安心感から、多少高いと感じる値段でも買うことができます（↓P153）。

それと、営業だからわかってると思うが、値段の末尾は8にするんだぞ

そんなにいろいろ言われても、頭がこんがらかりますよ。値段の末尾を8や98にするのは、常識ですからね。わかりました、いろいろ考えます。

山本くん、どうやらやる気になったようです。

ちなみに、**値段の末尾を8円とか80円にするのは「端数価格」という値決めの方法です。**

5 結局のところ、値段を決めるのは、経営者だけど……!?

しょうがないなぁ。いろいろ調べて、ボクなりに決めてみますよ。でも、ボクが出すのはあくまで案、提案ですからね。わが社期待の新製品なんですから、値段を決めるのは社長ですよ!

わかったわかった、案でも提案でもいいから持ってこい

どうせ案を出しても、もっと利益を乗せろとか言うんだろうなぁ

ん? まぁ、これまでの話し合いでオレの考えは充分に伝えたからな。後は山本くん、キミを信頼しているぞ。あ、末尾を8にするのを忘れるなよ。

そんなのわかってます! でも、どこから手をつけたらいいんだろう?

別に、新製品の値段だから社長が決めなければいけないということはありません。営業の担当者や、マーケティングの担当者が決めるというケースもあります。

でも、これまでの話し合いだけで山本くんに一任しようというのは無理がありますね。そもそも、山本くんの薄利多売方針で行くのか、ある程度の利幅を取りたい渡辺社長の方針で行くのか、基本的な方向すら結論が出てないじゃありませんか。

渡辺社長の意向も充分に伝わっているとは言えません。

そもそも、**新製品の値段は経営者の意思というか、会社の経営戦略に沿ったものであることが必要**なのです。ですから渡辺社長には、山本くんを信頼すること、値段の末尾8を気にすることより前に、することがあります。

それは、**新製品に関する会社としての経営戦略を明確にすること**。まだ明確に定まっていないなら、早急に。

渡辺社長は、まだ決まってないようです。本当は、その後で値決めの話し合いをすれば、経営戦略に沿った方向で話がスムーズに進んだはずなんですが（↓第5章）。

渡辺社長も山本くんもいずれ、そのことに気づく機会があるでしょう。ここはもう少し、山本くんの行動を見守ることにします。

第1章

要するに、いくらで売れば「利益」が出るの?

まず初めに「コスト」について、ざっくり押さえておきましょう。そもそも商品をつくるのにいくらかかったかがわからないと、適正な価格も付けづらくなります。

この章の登場人物

伊藤主任

渡辺食品経理部主任。会社が経営難に陥っていた15年前、営業2課から「不況対策特命係」として経理に異動したという変わった経歴を持つ。今では、資金繰りや取引先との折衝に忙しい部長、次長に代わって、実質的に経理実務を取り仕切っている。

山本くん

「健康ハニーたくあん」プロジェクトに営業部より参加、社長の「値段なら営業だ」のひと言で値決めの責任者に。社長には山本くんを大きく育てようという気持ちもあるようだが、当の山本くんはどこから手をつけていいかわからず、まずはコストだろうと見当をつけて経理部の伊藤主任を訪ねるが……。

1 知りたいのは「原価」ですか？「コスト」ですか？

製造原価と販売管理費の話

とりあえず、原価から見てみるか……

こんにちはー、伊藤主任。

これはこれは営業の山本くん、今日はどうしました？　また精算もれの経費の精算、頼みにきたんですか？

ええ、いつもの……じゃなくて今回は違うんです。社長に言われて、健八二の値決めをしなきゃいけないんで、まずは原価とかコストのことを聞きにきたんです

山本くん、まずは原価とコストときましたか。本当はその前に、調べておきたいことがあ

るんですが（↓第3章）。
まあ、原価とコストについてもいずれは知らなければならないこと。あとさきは別にして、目の付けどころはよしとしましょう。

そうですか。それで、知りたいのは原価のことですか？　コストのことですか？

えっ、原価とコストって違うんですか

まあ、雰囲気的には同じだけど、内容は違うんだよ。

へ？？？

一般的には、「原価」と「コスト」はあまり区別されていません。商品やサービスにかかる費用というような意味で、漠然と使うことが多い言葉ですね。伊藤主任が「雰囲気的には同じ」と玉虫色の表現をしたのは、そういうことです。

でも**会社の数字を扱う人の間では、原価とコストは明確に区別されます。そうしないと、会社の経理がグチャグチャになってしまうからです。**

まず「原価」とは、商品を仕入れたり、製品を作ったりするのに直接かかる費用のことを言います。問屋や小売店のような販売業では「仕入原価」になりますが、渡辺食品のようなメーカーでは「製造原価」です。

仕入原価は、仕入れた商品の代金に、運賃・手数料・保険料などを足して、比較的簡単に計算できます（→P76）。しかし製造原価のほうは、材料費やら人件費やら、その他の経費やらで複雑です。そこで製造業では、「原価計算」という複雑な計算を行なって製造原価を計算するのです。

原価計算は、経理ではなくて工場で行なうのですよ。だから、製造原価を詳しく知りたいなら工場に行ったほうがいいと思いますが。

じゃあコストは？　原価とどう違うんですか？

あのね山本くん、会社でかかる費用は、製造や仕入れにかかるお金だけじゃないでしょ

直接、製品の製造や商品の仕入れにかかる費用以外にも、会社ではさまざまな費用が発生しています。**たとえば、工場以外の本社や営業所の人の人件費、その人たちが使う事務用品**

の代金や交通費、通信費、建物の家賃、水道光熱費などなど。

商品や製品をお客様の元に運べば運賃もかかるし、たくさん売れるように広告を打てば広告料もかかりますね。

これらは、どうしたら原価の計算に入れられるでしょうか？

「販売費および一般管理費」はコスト

たとえば、商品や製品全体の売上げを集計している経理マンや、1日に何十件もの商談をこなす営業マンの人件費、その人たちが仕事をする本社や営業所の家賃といったものを、どの製品にいくらかかったと計算することは、とても無理でしょう。

そこでこれらは、仕入原価や製造原価に含めず、「販売費および一般管理費」というくくりの費用にするのです。

そうかあ、ボクたち営業マンの給料は「原価」に入らなくて、「販売費および一般管理費」なんだ 

そんなことも知らなかったのですか？　困った営業マンですねえ。

だって、知らなくても当面の仕事に支障はないですし……。

そうだけどね、会社というのは数字で動いているんだよ。そしてその数字を稼いでくるのは営業マンだ

販売費および一般管理費は、略して「販管費」とも言います。販管費も広い意味の「原価」ですが、どの製品にいくらかかったと計算できる原価ではありません。

ではどうするか？

その期間——たとえば1営業年度の売上げに対してかかった原価とするんですね。ですから、**販管費を原価と呼びたいときは「期間原価」という言い方をします。製品にかかる原価のほうは「製品原価」です。**

製品原価と期間原価、つまり原価と販管費を足したものは、ただの原価ではなく「総原価」と言います。

2 会社の「コスト」は甘くありませんよ!

コストと経常利益の深い関係

じゃあ、原価に販売費および一般管理費も足した分がコストになると。これで解決!

まだまだ、続きがあります。会社のコストはそんなに甘くありませんよ。

げげげ! まだあるんですか

原価と販売費および一般管理費のほかにも、会社にとって必要不可欠の費用があります。

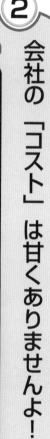

たとえば、ほとんどの会社は、金融機関などから借入れをして事業を進めているものです。となると当然、利息がかかってきますよね。

また、通常の取引では、代金として手形を受け取るケースも少なくありません。受け取った手形を期日前に割り引く——現金化しようとすると、割引料を支払うことになります。これは「手形割引損（手形売却損）」という費用です。

こうした財務費用も、会社が事業を進めるうえで不可欠なのです。これらもコストに入れなかったら、会社の利益の計算は大幅に狂ってしまいます。

たとえば、借入金がとても多い会社だったら、販売費および一般管理費まで支払って利益が出ていたのに、借入金の利息を払ったら赤字になった、ということだってあります。

そうそう、ものすごく長いサイトの手形で支払う取引先があって、困ってるんですよ。

ウチの経理部長も、銀行から借入れを起こすのに苦労してますねえ。

たしかに、会社のコストは甘くないですね。。。

原価に、販売費および一般管理費に、財務費用……種類の違うコストが3種類もあっては、利益の計算も簡単ではありません。そこで会社では、段階を追って利益を計算することにしています。まず、**売上げから原価を引いて「売上総利益」という利益を計算します。**これが、**原価だけを引いた第1段階の利益**です。

そこからさらに、販売費および一般管理費を引くと第2段階の「営業利益」。原価と販売費および一般管理費の合計が総原価ですから、売上げから総原価を引いた利益ということになります。

さらにさらに、支払利息などを引いたものが「経常利益」です。ここまで計算してようやく、会社にとって欠かせないコストと、コストを引いた後の利益が計算できるんですね。

図にすると……こんな感じですかねえ。

へえ～、会社のコストって、こんなにいろいろあるんだ。

経理では、コストって言葉に、はっきりした定義はないのですよ。でも、経営者とか株主とかはケイツネを気にしますからね。ここまではコストだと思ってるんじゃないですか？

経常利益は、会話の中で「ケイジョウリエキ」と言うと「計上利益」と混同してしまうことがあるので、そういうときは「ケイツネ」と呼びます。

138 「原価」だけが「コスト」じゃない!?

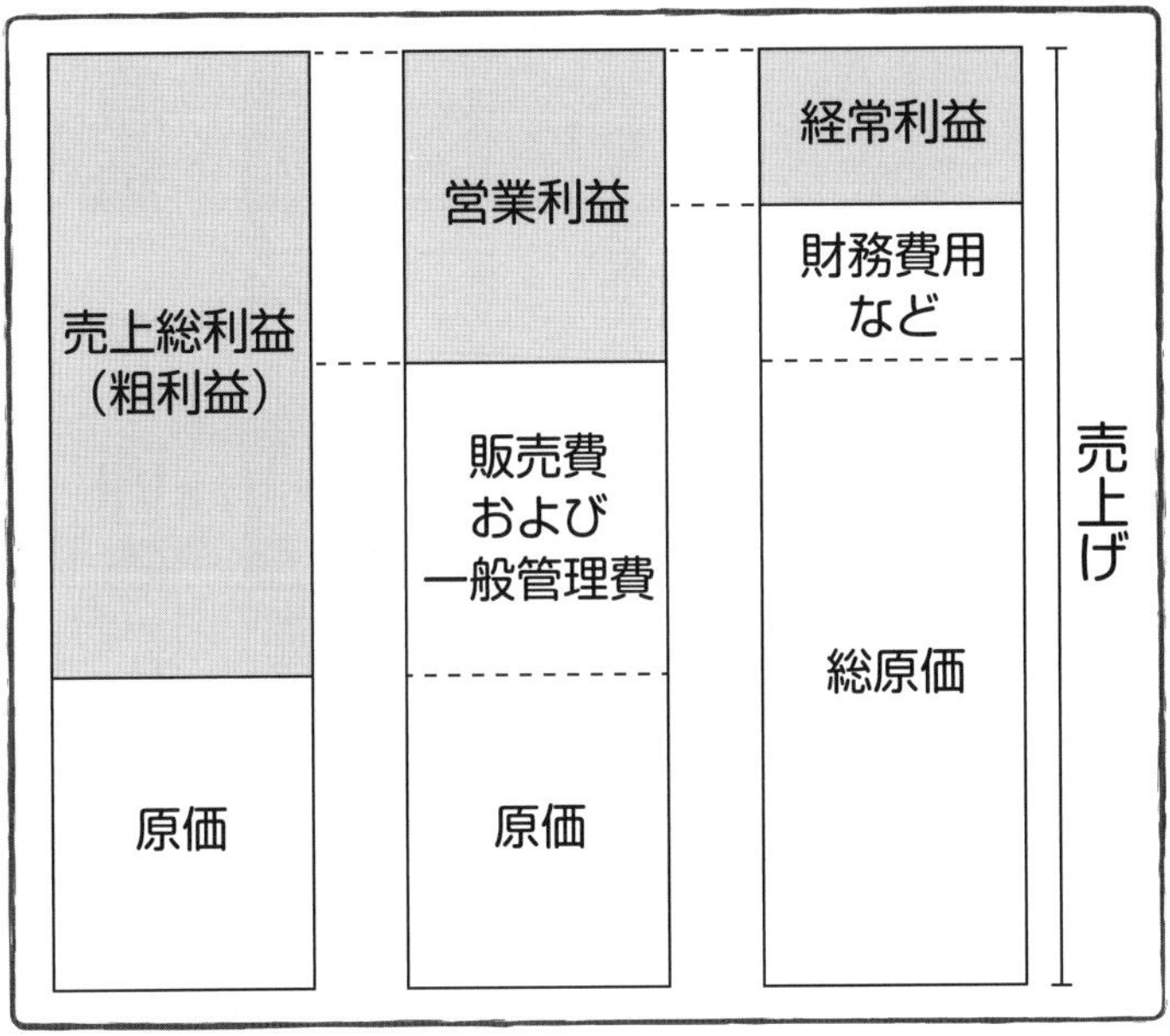

ケイツネは、日常的に発生する財務費用なども計算に入っているので、いわば、会社が通常の状態であげている利益です。そこで会社の経営者や、株主、金融機関、取引先などの外部関係者が会社の状態を見るときは、経常利益を重視するのです。

ですから、渡辺社長がコストと言ったときは、総原価に財務費用まで加えて考えている可能性が高いですね。

3 「原価」を上回るだけじゃダメなんだ……

原価とアラリ、どうなっているの？

経営者はケイツネを気にするって言いますけど、ボクらの会話じゃアラリのほうがよく出てきますよ☆

そうですね。営業とか製造の現場の人は、粗利益で話をすることが多いですねぇ。いわばアラリは、より現場に近い利益、ケイツネは経営について見るときに欠かせない数字です。

ケイツネに対して、アラリは売上げから原価を引いた「売上総利益」のことを言います。売上総利益の別名「粗利益（あらりえき）」の略です。

伊藤主任が言うように、**販売や、それに製造の現場ではアラリのほうがよく使われ、重視されています**。なぜかと言うと、商品を販売したり製品を製造する段階では、総原価や財務費用がどれくらいかなどわかりませんよね。そこで、自分たちにも把握できて、努力次第でコントロールもできるアラリ＝売上総利益で利益を考えることが多いのです。

なお、売上総利益と経常利益の間に位置する「営業利益」は、会社の営業活動の結果として出た利益をあらわします。経常利益と違って、借入金の利息など営業外の分が含まれないので、その会社が本業だけであげた利益がわかるわけです。

アラリが出るように値決めをすればいいと思ってたんだけど。原価を上回るだけじゃダメなんだ……

そういうことですね。もっとも、経理では経常利益の後、さらに税引前当期純利益や当期純利益まで計算するのですが、これは値決めのコストに影響しないからいいでしょう。

会社の利益の計算では経常利益の後、固定資産を売った場合などの臨時的な利益や、災害による臨時的な損失などをプラスマイナスして「税引前当期純利益」を計算します。そこから、法人税などの税金を引いたものが会社に残る最終的な利益「当期純利益」です。

決算書のひとつ、「損益計算書」を図にするとこうなりますよ（59ページ図参照）。

あ、原価が載ってる。販売費および一般管理費も。なるほど、上半分はさっきの図を縦に並べた形ですね。ふ〜ん、こうなるのか。

会社の利益（損失）を計算する決算書＝「損益計算書」でも、売上高から原価を引き、次に販売費および一般管理費を引き、さらに財務費用などの「営業外費用」を引くという計算をしています。そして、借入金の支払利息とは逆に、貸付金の受取利息などの利益が出た場合は「営業外収益」としてプラスし、経常利益を計算するのです。

ふむふむ、ここまでが通常の費用と……。で、製品1個当たりの通常の費用は、どこでわかるんですか？

そんなの、わかりませんよ。

えっ!? ☆

そもそも、どの製品にいくらってわからないから、販売費および一般管理費や営業外費用にしてるわけです。山本くんがお得意様を訪問した交通費を、どのたくあんにいくらって計算できると思いますか？　1個当たりいくらとわかるのは、原価だけですよ。

へえ〜そうだったのか……

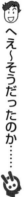

138 「利益」って、こうやって計算するんだ！

損益計算書

	売上高	
－	製造原価（売上原価）	← これが原価
＝	売上総利益	
－	販売費および一般管理費	← ここまでが総原価
＝	営業利益	
＋	営業外収益	
－	営業外費用	← ここまでが通常の費用
＝	経常利益	
＋	特別利益	臨時的な利益と損失
－	特別損失	
＝	税引前当期純利益	
－	法人税等	← 税金
＝	当期純利益	← 最後に残った利益

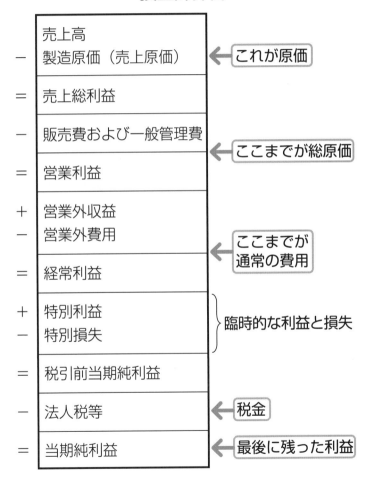

4 生産量が変われば「利益」も変わるってこと?

原価は「変動費・固定費」に分けられるのです

だいたい、製品1個当たりのコストなんて、生産量が変われば変わりますしね。大量生産すると、コストが下がるって習いませんでした?

確かにそうですね。一気にたくさんつくると、1個あたりのコストは下がりますよねえ。

そういうこと。ロットという言い方をしますね。つまり「ロットを増やすと、コストが下がる……」って。基本的なことですね。

大量生産すればコストも変わるが……

大量生産をすると製品1個当たりのコストが下がるのは、コストの中に生産量が増えても増えないものがあるからです。

たとえば工場や事務所の家賃、機械の減価償却費などなど。これらは、生産量が増えたり減ったりしても一定で、変わりませんよね。もし、生産量が倍になれば、これらのコストは製品1個当たりで半分になる計算です。

このように、**売上げや生産量、工場の操業度に関係なくかかる一定の費用を「固定費」と言います。これに対して、材料費など生産量に比例して増減する費用は「変動費」です。**

大量生産をすると変動費は比例して増えるので、全体として見るとコストは増加するわけですね。

そうか、1個あたりのコストが下がるのか。固定費って、基本的にずっと変わらないんですよね。ありがたいもんですね

何を言ってるんですか。もし生産量が半分に減ったら、1個当たりのコストは倍に増えるのですよ。

あ、ほんとだ。固定費ってこわいもんですね。

こんな簡単なことに気づかないのですか？　先が思いやられるなあ。

すんません。気をつけます……。。。。。。

固定費の代表が人件費（労務費）です。それも正社員。生産量や売上げが落ちたからといって簡単には人を切れないでしょ。派遣社員やアルバイトの場合でも、ヒマなときは出社しなくていいとは言えません。まあ、正社員よりは融通がききますけどね。

大量生産をすると1個当たりのコストは下がりますが、逆に生産量が減ると1個当たりのコストは上がります。**売上げが落ちると、固定費の負担が重くのしかかる**わけです。

多くの企業が、給料のベースアップに消極的なのはそのためです。ボーナスなどと違って、基本給のベースアップはまるまる固定費の増加につながります。もし売上げが低迷したりしても、基本給を下げるわけにはいかないので、製品のコスト増に直結してしまうわけです。

あれ？　生産量が変わればコストが変わるってことは、利益も変わるってことかな？

やっとそのことに気づきましたか。生産量によってコストが変わり、利益も変わるので、値決めにも影響するのですよ。ここがポイントでもあります生産量が増えると1個当たりのコストが減り、利益が増えるので、製品の値段が同じなら1個当たりの利益が増えます。逆に増える利益の分、値段を下げても、下げる前と同じ利益が確保できる計算ですね。

特売セールでも利益はあがる

「特売セール」などは、この計算を元にしています。**セールのために大量仕入れをすれば、仕入単価を下げることができます。1個当たりの利益が増えるので、値段を下げても通常と同じ利益が確保できる**のです。

「赤字覚悟の出血大サービス！」などとうたっていても、実は通常と同じか、それ以上の利益をあげているケースがあるわけです。ただし、セールを行なう効果はそれだけではありませんが（↓P201）。

固定費と変動費って重要そうですね。どうやって分類するんです？

「固変分解」と言って、いろいろな方法がありますが、簡単なのは費用の勘定科目で分ける方法ですね。中小企業庁の方式だと、製造業の固定費は直接労務費、間接労務費……。

ちょ、ちょっと。覚えられないから書いてくださいよ

めんどくさい人ですねえ。じゃあ、変動費だけ書いておきます。あとは固定費だと思って、間違いじゃありません。

138 「固定費」と「変動費」は、こうして分けます

変動費（製造業）

直接材料費、買入部品費、外注費、
間接材料費、その他直接経費、
重油等燃料費、当期材料仕入原価、
当期製品棚卸高－期末製品棚卸高、
酒税（酒造メーカーなど）

変動費（卸・小売業）

売上原価、支払運賃、支払荷造費、
支払保管料、
車両燃料費（卸売業の場合のみ50%）、
保険料（卸売業の場合のみ50%）
（注：小売業の車両燃料費、車両修理費、保険料はすべて固定費になる）

（中小企業庁・旧「中小企業の原価指標」の費用分解基準を元にした一般的なもの）

これ以外は固定費と思えばいい!!

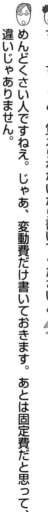

5 「損益分岐点」というのがありましてね……

売上高と利益の関係がわかる便利な図表です!

変動費だけじゃなくて、固定費もまかなえる値決めをしなくちゃいけないのか……。もし、固定費をまかなえないとどうなるんです?

損失——すなわち赤字になるのですよ。「損益分岐点」というのがありましてね。

あ、それって聞いたことある!

コストの中に固定費があるため、製品の売上げがあれば必ず利益が出るとは限りません。たとえば、売上げゼロのときの利益はゼロでなく、固定費の分マイナス、つまり損失となるのです。

売上げが伸びていくと、やがて固定費の分を超えますが、まだ変動費の分が損失ですね。さらに伸びて、固定費と変動費の合計を超えたところから、利益が出始めます。この時点の

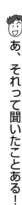

売上高が「損益分岐点」です。

売上高が損益分岐点を超えると、後は売れたら売れた分がまるまる利益となります。

これを図にすると左のようになります。「損益分岐点図表」と言います。

この損益分岐点というのが……

要するに、収支とんとんという分岐点ですね

こうして見ると、よくわかるもんだなあ。

赤字覚悟で値決めをするケースもないわけではないですが、普通はこの損益分岐点で、少なくとも収支がプラスになるように値段を決めます。その意味ではこの図表は、非常に大事……というか、基礎の基礎でもあるわけです。

先ほど出てきた固定費と変動費の考えもわかりますね。固定費は、基本的には売上げに関係なく同じ額ですが、変動費は売上げがあがると増えていくんですね。

138 売上げがあれば利益が出るってもんじゃない!?

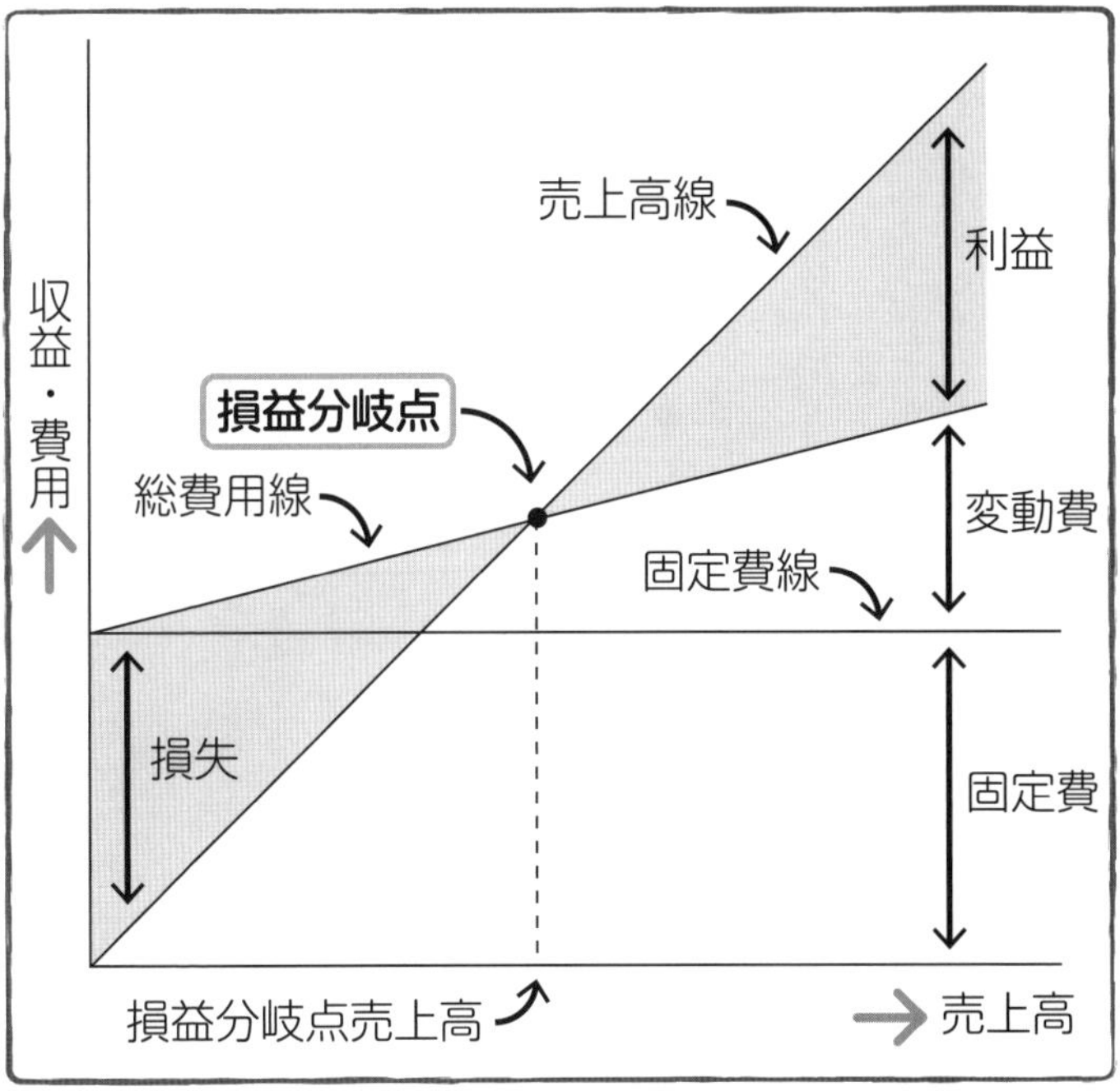

6 損益の予測が正確にできちゃうんですね！

ついでに、限界利益の考え方も知っておこう

限界利益なら、いろいろわかる！

営業の方は粗利益で考えることが多いから、売上げがあれば利益が出ると思いがちですが、そうではないことがわかりましたか。そこで「限界利益」という考え方をすると……。

あ、むずかしい話はいいです。基本だけわかればいいので。さくっと。

さくっと、って言ったってねえ……。まあ、いいでしょう。売上げが増減したときの損益が正しく計算できる方法を、お話ししようと思ったんですが。それでは今日はこれで、さようなら

ちょ、ちょっと。それってムチャクチャ重要じゃないですか。お願い、教えて！

通常の経理では、コストを変動費と固定費に分解することはしません。ですから、売上高やコストの数字から、売上高が変動した場合のコストや利益を正しく計算することはできないのです。**コストの中に、売上高に応じて変動しない固定費があるためです。**

しかし、コストを変動費と固定費に分解すると、これができるようになります。売上高から変動費だけを引いたものを「**限界利益**」と言いますが、この限界利益は売上高の増減に比例して増減する利益です。

このことを利用すると、売上高に応じた利益の変動などが簡単に計算できるのです。

●限界利益は売上高から変動費をマイナスする●

限界利益とは、売上高から変動費を引いたものです。つまり、「限界利益＝固定費＋利益」ということですね。これを変形すると「利益＝限界利益－固定費」と……。

ちょ、ちょっと。やっぱり書いてくださいよ♪

またですか。しょうがない人ですねえ（71ページ図）。

たとえば、売上高が2倍になったときに、利益がいくらになるかという計算をしてみましょう。仮に、現在の売上高が100で、コストが80、利益が20とします。

変動費と固定費を分解していないと、売上高が2倍の200になれば、利益も2倍の40という計算をしてしまいそうですね。

しかし、変動費と固定費を分解すれば「利益＝限界利益－固定費」の式から正しい計算ができます。コスト80のうち、変動費が50、固定費が30としましょう。すると、限界利益は売上高100マイナス変動費50で50です。

「**限界利益は売上高の増減に比例して増減する**」ので、売上高が2倍の200になると、限界利益も2倍の100になります。「利益＝限界利益－固定費」なので、限界利益100から固定費30をマイナスして、売上高が200の場合の利益は70とわかるのです。

売上高が2倍になったときに、利益は2倍以上になるわけですね。

すげー、損益の予測が正確にできちゃうんですね!!

限界利益の割合、「限界利益率」を使うと、損益分岐点売上高を計算で求めることもできます。そこから、目標とする利益をあげるのに必要な売上高なども計算できますよ。

138 「限界利益」なら、正しい利益が予測できる！

限界利益 ＝ 売上高－変動費
＝ 固定費＋利益

↓ つまり

利益 ＝ 限界利益－固定費

例

売上高100、変動費50、固定費30、利益20

限界利益＝売上高100－変動費50＝50

売上高が2倍になったときの限界利益＝50×2＝100

売上高が2倍になったときの利益

＝限界利益100－固定費30＝70

$$\text{限界利益率} = 1 - \frac{\text{変動費}}{\text{売上高}}$$

$$\text{損益分岐点売上高} = \frac{\text{固定費}}{\text{限界利益率}}$$

↓

$$\text{目標売上高} = \frac{\text{固定費}+\text{目標利益}}{\text{限界利益率}}$$

おーっ

めんどうな説明は省きますが、売上高に対する限界利益の割合＝「限界利益率」から、前ページの図のように、損益分岐点売上高を計算で求めることができます。この式に目標利益を加えると、「目標利益をあげるための売上高」が計算可能です。

これは、経営計画を立てるときなど、目標売上高を定めるのに必要不可欠な計算です。

いろいろ教えてもらって、ありがとうございました！　それじゃあ、工場に行って原価のことを聞いてきまーす。

工場では木村さんを訪ねると良いでしょう。原価計算の係ですから。

りょーかい、っす！

第2章

この製品、「原価」いくらですか?

普通に考えると、「この商品をつくるのに、いくらのお金がかかったか」がわからないと値決めもうまくいきません。そこでまず「原価」のことを押さえておきましょう。

この章の登場人物

木村さん

渡辺食品製造部原価計算係。真面目さと知識を買われ、入社5年にして工場の原価計算を一手に任されている女性事務職。原価計算の話になると専門用語を連発するので、社内では「原価オタク」と言う人もいるとか……。簿記検定1級資格あり。

山本くん

渡辺食品「健康ハニーたくあん」の値決めに奔走《ほんそう》中。コストの話を聞いた経理部伊藤主任から「原価計算は工場で行なっている」と教えられ、原価計算係の木村さんを訪ねたのだが……。

1 原価って材料費のことじゃないの?

「原価の3要素」を押さえておくことから始める

原価には製造原価と仕入原価がある

こんちはー、木村さんはいらっしゃいますかー♪

原価計算係の木村です。先ほど、経理部の伊藤主任から内線をいただきました。原価計算の話をお聞きになりたいとか。

はい、そうです。連絡しておいてくれるなんて、伊藤主任っていい人ですね。

何も知らない困った人が行くから、イロハのイから説明してくれ、とのことでした。

トホホホ、そういう連絡だったのか

コストに続いて「原価」のことを聞こうと、工場にやってきた山本くんですが、さてどうなることやら。

何しろ「原価計算」といったら、簿記検定でも最上級の内容です。**ただ集計したり按分《あんぶん》したりするのでなく、決められた手順と細かいルールに従って計算を繰り返し、最後に製品1個当たりの原価を正確に求める**のです。

山本くんにちゃんと理解できるか……心配ですね。

で、原価ってどうやって計算するんですか？　原価計算っていうくらいだから、やっぱり何か計算するんですよね。

その前に、イロハのイから説明してくれとのご要望ですのでご説明しますが、原価の種類によって計算方法に違いがあります。まず「仕入原価」と「製造原価」では、違います。

「仕入原価」は、販売業で、商品の仕入れにかかった原価のことです。主なものは仕入れた商品の代金＝「購入代価」ですが、運賃・手数料・保険料などがかかっていることもあります。購入代価に、そうしたいわば「付随費用」を加えたものが販売業の仕入原価となります。

これに対して、製造業で原価計算をして求めるのが「製造原価」です。

ちなみに、サービス業では仕入原価とも製造原価とも違った原価の構成になるので**「役務(えきむ)原価」**ということもあります。また建設業などでは、売上高にあたるものが完成工事高なので**「完成工事原価」**というものを計算します。

役務原価と完成工事原価の計算は……。

えっ？　そ、そこまではいいです。要するにウチは製造原価ですよね。製造原価はどうやって計算するんですか？　あらゆる材料費を集めて、できあがった製品の数で割って、とか？

製造原価には「原価の3要素」があります。材料費・労務費・経費の3つです。

えっ!?　原価って材料費のことじゃないの？

たしかに、日常会話で原価と言うと、材料費のことを言っていることが多いですね。ＤＩＹで棚を作ったりすると、「原価は材木代の５００円」と言ったりしますね。

しかし、製品の製造原価ではそうはいきません。**製品を作るのにかかった、ありとあらゆる原価を集めて計算する**のです。材料費のほかには「労務費」、これは製造にかかった人件費のことです。材料費、労務費以外の原価は「経費」に分類します。

あれ？　経費って販売費および一般管理費なんじゃ……

それは本社や営業所の分の経費です。工場で発生した家賃や減価償却費、そのほかの材料費、労務費以外の原価は製造の経費として原価に入ります。

うわー、原価計算ってめんどうなことするんですね。

当然です。原価計算は、真実の原価を正確に算定表示するものですから。

シンジツノゲンカ？　なんだ、そりゃ？

真実の原価……とは？

「真実の原価」というのは、原価計算の憲法とも言える「原価計算基準」に出てくる言葉です。**要するに原価計算というのは、これくらいだろうとか、こうしておこうといった曖昧なものでなく、決まったルールに従って正確な原価を計算するものだということですね。**

138 原価の3要素とは？

材料費

労務費
（人件費など）

経費
（工場で発生した家賃など）

日常会話で「原価」というと材料費を指すことが多いが、製品の原価計算ではそう簡単ではない！

それはともかく、材料費・労務費・経費というのは、最も基本的な製造原価の分類です。そこでこれを「原価の3要素」と言います。

製造原価は、要するにこの3つの要素で構成されているのです。

材料費、労務費、経費が原価の3要素、っと。これで分類が済んだわけですね。

まだ済んでません。さらに細かく、「形態別分類」に「機能別分類」を加味して、「製品関連別分類」で大別し……。

えっ!? な……なんだ、なんだ? いったい何を言ってるんだ、この人は!?

2 直接費は「賦課」し、間接費は「配賦」します

原価計算の3つの計算段階とは?

木村さんの説明はむずかしくなりがちなので、かいつまんでお話ししますと、たとえば材料費なら、形のうえから「材料費（製品主要部分の材料）」「買入部品費（外部から購入して製品に取り付けられるものなど）」などと細かく分類することができますね。

しかし、材料費に分類される中にも、主な材料のほかに補助的に使用されるものもあるわけです。そこでこれを、機能のうえからさらに細かく「主要材料費」「補助材料費」と分類します。

そして、直接的にどの製品に関連するのかどうか、製品との直接・間接の関連で分類するのです。すると、**主要材料費は「直接材料費」**に、**補助材料費は「間接材料費」に分類される**——と、こういうことなのです。

このような分類を、材料費・労務費・経費のすべてで行ないます。

138 費目別に原価を分類する！

たとえば「材料費」の中にも、主な材料費と補助的なものがある

↓

主要材料費、補助材料費と、〝機能〟の面で分ける

↓

直接的にどの製品に関連するかどうか、製品との「直接」「間接」で分ける

すると

↓

主要材料費は「直接材料費」に、
補助材料費は「間接材料費」に
分類される

このような分類を、材料費、労務費、経費——のすべてで行なう

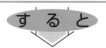

ここまでを「費目別計算」と言います。費目別に分類した原価は、いったん、原価が発生した部門別に集計します。

せっかく分類したのに、なんでそんなことするんです？

製品製造のプロセスに沿って、より正確な原価を計算するためですね

うーむ、わかったようなわからないような……

そうですか？　それじゃ次に……直接費は部門に「賦課」し、間接費は「配賦」します。

うわわっ、また新しいコトバが出てきた！

費目別計算で原価は「直接材料費」「直接労務費」「直接経費」、それに間接費をまとめた「製造間接費」に分類されます。このうち、**直接費はどの部門のどの製品に関連するとわかるので、直接、割り当てることが可能です。これを「賦課（ふか）」と言います。**

しかし、**製品と直接の関連がない間接費は、直接的な賦課ができませんね。そこで、適切な基準を決めて部門に割り振ります。これが「配賦（はいふ）」**です。配賦基準は、たとえば建物の減価償却費なら部門が使用している床面積など、合理的なものにします。

138 賦課（ふか）と配賦（はいふ）

費目別計算の原価のうちの「直接費」

↓

これは、どの部門のどの製品に関連するとわかる

↓

直接、割り当てる　＝　**賦課**

製品と直接の関連がない間接費は、割り当てられない（賦課できない）

↓

適切な基準を決めて部門別に割り当てる　＝　**配賦**

部門には、製造部門のほかに工場事務など、製品に関連しない補助部門もあるので、補助部門費を製造部門に割り振る配賦も必要です。

ここまでが「部門別計算」です。各製造部門別に集計した製造部門費は、製造部門ごとの配賦基準で製品に配賦します。

やっと製品までたどりついたか。なんだか最初から疲れるなー。

製造部門費を製品に配賦する基準は、金額か、数量や時間などです。金額の場合は、たとえば各製品にかかった直接材料費の額などを基準に配賦し、数量の場合は各製品の生産量などを基準にします。

こうして「完成品総合原価」を計算し、「完成品数量」で割って計算するのが「単位原価」です。単位原価は通常、製品1個ですが、10個、1ダースなどとする場合もあります。

いずれにしても、製品の単位当たりの原価まで計算するのが原価計算なのです。費用の分類や、部門別の原価を計算して終わり、ということはないわけですね。

これが「製品別計算」です。おわかりになりましたか?

原価計算はたいへんだ、ってことはわかりました。よくわからないけど、とりあえずそのままメモしておこう（左図）

138 原価計算はたいへんだ！

① **費目別計算**

- ◉「材料費」「労務費」「経費」を分類
- ◉「直接費」「間接費」に大別

↓

② **部門別計算**

- ◉直接費は「賦課」
- ◉間接費は「配賦」
- ◉補助部門費も「配賦」

↓

③ **製品別計算**

- ◉「完成品総合原価」を「完成品数量」で割る
- ◉「単位原価」を計算する

3 実際の「原価」を計算する方法は……

実際原価計算のやり方って？

製品別計算はほかの計算方法もありますが、お知りになりたいですか？

いいえ、もうすっかり疲れ……えーと、充分にお聞きしましたから。。。。。。

では少し、話を移しましょう。

今、お話ししたように、完成品総合原価を完成品数量で割って単位原価を計算する、というのが製品別計算の基本ですが、製品に種類がある場合や工程別に計算したい場合など、別の計算方法があります。

また、**以上は大量生産の場合の話で、受注生産では原価計算はもっとシンプルです。要するに、生産が完了したときにすべての原価を集計するだけ**ですから。

138 製品別原価の基本

$$\frac{\text{完成品総合原価}}{\text{完成品数量}}$$

↓

これで
「単位原価」が
計算できます

ただしこれは大量生産の場合。受注生産は、もっとシンプル！

仕掛品原価の計算のしかたは？　お知りになりたいでしょう？

いえいえ、ホントにもう充分……堪能いたしました。それにしても、実際に、こんな計算をするんですか？

もちろんです。原価がいくらかかっているかがわからないと、いくらの利益が出たかわからないでしょ。原価は、とても重要な「資料」でもあるんです♥

本当は、材料の消費量と価格をどう計算するかとか、人件費である労務費を直接労務費と間接労務費に分けるにはどうするかとか、ほかにも正確な原価を計算するための問題がたくさんあるのです。

とくに、製造途中の製品＝仕掛品（しかかりひん）の原価をどう計算するかは、現実の原価計算では重要なポイントになります。

でも、山本くんや、この本を読んでおられる読者のみなさんは、たぶんそこまで知る必要がないでしょう。それよりも、知っておいていただきたいのは、原価計算とは、ひとつではないということです。——もう少し話を進めてみましょう。

そうですか？　まだ、ご説明したいことがたくさんありますが……。では、実際の原価を計算する方法はこのへんで。この、実際に発生した原価を計算する原価計算は「実際原価計算」と言います。

実際？　わざわざ実際なんて付けるってことは……不吉な予感が。まだ、むずかしい原価計算の話が続くってこと!?

原価計算は1種類ではないんですよ。

また、こんがらかるじゃないですか〜〜〜

4 「原価計算」って、ひとつじゃないんだ!?

標準原価計算と直接原価計算

「原価計算制度」としては、実際原価計算のほかに「標準原価計算」があります。

ああ、またむずかしい話が始まってしまった。木村さん、もう少しわかりやすくお願いできませんか。

充分、わかりやすいと思いますけど

ダメだ〜、木村さんにはこれがフツーなんだ

財務会計における原価計算も知っておこう

それでは解説しましょう。

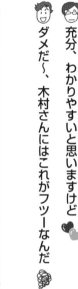

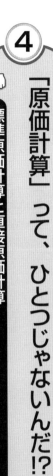

会社は、株主などの関係者に報告するために決算書、すなわち「財務諸表」を作成しなければなりませんね。この仕事は、前章の伊藤主任が所属する経理部が行なっていますが、そのための会計のしくみを「財務会計」と言います。

原価計算は、この財務会計から経費などのデータを受け取って原価を計算し、「製造原価報告書」という財務諸表にまとめるわけです。

このように、財務会計と結びついて行なわれる原価計算を「原価計算制度」と言います。

つまり木村さんは、**会社の経理として認められる原価計算が、実際原価計算のほかにもうひとつある、それが「標準原価計算」**だと言っているのです。

たしかにこれは、山本くんにはわかりづらいかもしれませんね。

標準原価計算は、あらかじめ「標準原価」を定めて行なう原価計算です。

そうサラッと言われてもわかりませんったら

困りましたねえ……まったく。

それに、そういうことって、新商品の値決めに、すご〜く必要なんですか

「新商品の値決め」となると微妙ですね。でも知っておかないといけませんよ。

実際原価計算では、実際に発生した原価を、発生した後で計算します。しかし**標準原価計算では、事前に「標準原価」というものを定めておく**のです。

そして、標準原価と実際原価とを比較してその差額を計算・記録・分析しますが、この差額を「原価差異」とか「標準差異」と言います。原価差異の分析結果は、経営者や管理者に提供して、原価の管理に役立ててもらうわけです。

つまり、標準原価計算は、原価の問題点をつきとめて改善する、「原価管理」が可能な原価計算です。

ちなみに、標準原価計算では財務諸表も標準原価を元につくります。その際、原価差異は売上原価に賦課するのが原則的な会計処理です。

そうだ、話題を変えてボクの知っている話にしてもらおう。……えーと、実際原価計算と標準原価計算では、変動費と固定費はどこで集計するんですか？

変動費？　変動費は、原価計算制度では集計しません。「部分原価」ですから☆

ああダメだ。また、むずかしい専門用語が出てきてしまったよ〜。

これはこういうことです。

管理会計での原価計算との違いは？

実際原価計算と標準原価計算では、全部の原価を集計するので「全部原価」と言います。これに対して、**変動費など一部分の原価だけを集計するのが「部分原価」です**。部分原価の代表格が、変動費を集計する「変動原価」なのです。

変動原価は直接原価とも呼ぶので、変動費・固定費を計算する原価計算は「直接原価計算」と呼ばれています。

ただし、直接原価計算は原価計算制度としては認められないので、直接原価計算で財務諸表をつくって株主に報告したり、税金の申告をするようなことはできません。財務会計ではないわけですね。

その代わり、**会社内部の管理用のデータとして集計し、利用することができます。直接原**

価計算で、損益計算書と同じような計算を行なう「変動損益計算」という手法も一般的です。

このような会計のしくみを、財務会計に対して「管理会計」と呼びます。

財務会計と管理会計か……、まぁ「値決め」に関しては、それほど大きくは影響しないかな。それにしても実際原価計算に標準原価計算に直接原価計算……原価計算って、ひとつじゃないんだ!?

当然です。その3つ以外にもあるんですよ、うふふ

なんだか木村さん、原価計算の話をするときはうれしそうですね。

そういうわけじゃないですよ。原価計算ってややこしいけど、知っておくと値決めにも大いに役立つはずです

5 もしもウチの会社がサービス業だったら

「活動基準原価計算」というものがあるのです！

……しかし、余計なことを言ってしまった。そのほかにまだあるって、また新しい原価計算の話が始まっちゃったよ。

新しい？　よくご存じですね。もうひとつは、新しい考え方で原価を集計するＡＢＣ――日本語で「活動基準原価計算」と呼ばれるものです。

仕事のひとかたまりが「アクティビティ」

さすが木村さん、原価計算のことは何でもよく知ってますね。

活動基準原価計算は、１９８０年代のアメリカで生まれた比較的、新しい原価計算です。

従来の原価計算が部門別に原価を集計するのに対し、「活動（アクティビティ）」というものを基準に原価を集計します。
アクティビティを基準にするので「アクティビティ・ベースド・コスティング」、略して「ＡＢＣ」と呼ぶのです。

「活動」って、ボクらがする営業活動とか、販促活動とかってこと？

たとえば、見積りを提出するとか、注文を受けるなど、ひとかたまりの仕事が「活動」、アクティビティになります。

ここでは詳しく説明できませんが、活動基準原価計算ではアクティビティを基準にアクティビティ・コストを集計するので、後で製品別はもちろん、サービス別のコストといったものまで集計できるようになります。

間接費の増大が引き金になっている

このような活動基準原価計算が生まれた背景は、間接費の増大です。**現代の製造業では機械化・システム化が進んで、機械の保守管理、生産管理、品質管理などなど、直接、製品に**

関連しない業務の間接費が増大しています。

従来の、直接費を中心に計算し、間接費は一括して配賦する原価計算では、正確な原価の計算がむずかしくなっているのです。

またサービス業などでは、そもそも間接費が中心のため、製造原価を計算する原価計算の方法では正確に原価を計算することができません。そのため、活動基準原価計算は「サービスのコストが計算できる原価計算」として、とくに大企業で導入が進んでいます。

これまで原価計算とは無縁だった金融機関や医療機関、さらに政府や地方公共団体などでも導入できる原価計算なのです。

もしもウチの会社がサービス業だったら、ぜひやってみたい原価計算です

でも、この活動基準原価計算って、税務署に提出する決算書には使えないんですよね。

当然です。直接原価計算と同じ、管理会計のひとつになります。

4つも原価計算が出てくると、ややこしいな。図にしてくれません

えーっ!? こんな感じ？（左図）まとめてみると、実際原価計算と標準原価計算は原価計算制度で、外部に報告できる財務諸表をつくる財務会計です。一方、直接原価計算と活動基準原価

計算は、内部管理のためのデータを提供する管理会計ということになりますね。

なるほど。財務会計用の原価計算と管理会計用の原価計算があると……。あれっ？　この「機会原価」ってなんですか？

138 「原価計算」って、いろいろあるんだ……

- 原価計算
  - 財務会計（原価計算制度）
    - 実際原価計算
    - 標準原価計算
  - 管理会計
    - 直接原価計算
    - 活動基準原価計算
    - 機会原価など（特殊原価調査）

6 見込み違いの売り損じ、原価はいくら？

機会原価の考え方って、何？

機会原価は、「特殊原価調査」のひとつです。

トクシュ……ああ、聞かなきゃよかった。。。。。。

そのあたりは、さらりと行きますよ。「機会原価」の説明が大事だから。

「特殊原価調査」って何？　さらりと教えて！

「特殊原価調査」とは、原価計算制度と並んで原価計算の2大分野と言われているものです。

たとえば、特別なプロジェクトで一時的に原価を計算する場合などに利用されます。**原価計算が継続的に行なわれるのに対し、必要に応じて臨時的に利用される**わけですね。

特殊原価調査には機会原価のほか、総原価の差額だけを取り出して計算する「差額原価」、金額にあらわれないコストも付け加える「付加原価」などがあります。

機会原価では、他の代替案で得られたはずの利益を、選択した案の原価として考えます。

へ？

たとえば、売り損じの損益を考える場合などに利用されます。

はあ……売り損じの損益!?　それって、値決めにスッゴク関係ありそうですね！

機会原価の話でよく例としてあげられるのが、いわゆる「売り損じ」の損益です。

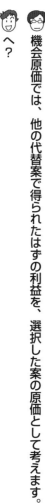

機会原価の考え方と「売り損じ」

たとえば、渡辺食品のたくあんで海苔巻きをつくって売っているお店があったとしましょう。海苔巻き1本当たりの利益は10円とします。

ある日、店長は翌日に１００本つくるか１５０本つくるか迷ったあげく、１００本に決めました。ところが翌日、150本分のお客様が来てしまい、50本分は売り損じとなりました。店長の見込み違いによる売り損じ、この場合の損益はいくら？　といったものです。

通常の損益を計算すると、海苔巻きは100本売れましたから、1000円の利益です。

でも、売り損じの分があるわけだから……。

そうですね、そういう考え方ですね。

そこで機会原価の考え方をすると、150本つくって売れた場合の利益1500円を機会原価として計算に入れます。利益1000円のところに機会原価1500円が差し引かれるわけだから、500円のマイナスです。この500円は「機会損失」と言います。

つまり、**100本売り切って50本の売り損じを出した場合は、利益1000円と考えるのでなく、機会損失500円と考えるべき**なのです。もし150本つくって売り切れた場合は、100本つくった場合の利益1000円と比べて500円のプラスになります。

最善の選択をしたとき、機会損失はプラスになるわけです。

でも、もし150本つくって、100本分のお客さんしか来なかったらどうなるんだろう？

そういうツッコミが入ると思ってましたよ。その場合は、機会原価の問題でなく現実に50本分の廃棄損が出るのです

100本つくるか150本つくるかは、機会損益とは別の問題。翌日どれだけのお客様が来るかは、天候やイベントなどを考慮して、店長さんの経験と決断に頼るしかありませんね。ただ、売り損じを出した場合に、1000円の利益があがったとノホホンとしていないで、500円の機会損失を出したと反省すべきだということです。

機会原価は本来、複数の案があるときに最善の案を選択する方法なのです。たとえばA～E5つの案があるときに、Aの案を選択しようとしたら、他の4案の中で最大の利益の額をA案の機会原価として計算に入れます。

それで機会損失がプラスになればA案が最善の選択、マイナスの機会損失が出るようなら別に最善の選択があるとわかるのです。

機会原価は要するに、ひとつの案を選択した場合の他の案の逸失利益なのですが、原価として計算に入れるので「機会原価」という名前になっています。

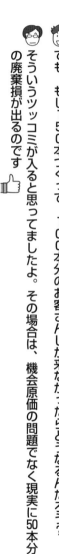

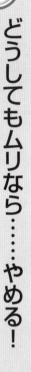

7 どうしてもムリなら……やめる！

原価企画の考え方を知る

値決めに役立つかわかりませんが、「原価企画」という手法もあります。

なんですかそれ？　またむずかしい感じだなあ。

おお木村さん、原価企画ときましたか。いいですね、これもぜひお話ししておきたいところです。

「原価企画」は、製品の原価から値決めをするのではなく、先に製品の値決めをして原価を管理するという考え方です。英語では「ターゲット・コスティング」、最初からコストの金額に狙いをつけて、その範囲内に抑えることを目指します。

そのためには、製品を開発してからコストを考えるのではなく、製品の企画段階からコストの検討を始めるのです。ですから、原価計算の手法ではありませんが、新製品に最適の値段を付けることができます。

ちなみに原価企画の手法は、トヨタ自動車が１９６０年代に開発したものです。

原価企画では、市場調査をして新製品に求められる機能を決め、競合する製品の価格なども考慮して、まず販売する値段を決定します。この値段から、期待する利益を差し引いたものが「ターゲット・コスト」です。

そこから、新製品のデザインや性能、製造原価、販売のコストなどを検討し、コストの合計がターゲット・コストの範囲内に収まるようにします。

もし、どうしても収まらないときは、新製品開発を中止することも可能です。通常の新製品開発と違って、まだ製品の企画段階ですからね。

コストが目標の範囲内に収まるように、先に計算して、どうしてもムリならやめるということです。

いいなあ、それなら値決めで苦労することもないな

値決めの苦労がないだけでなく、新製品で確実に利益をあげる方法でもあります。トヨタが2015年3月期にあげた日本企業初の2兆円を超える最終利益の中には、原価企画によってもたらされた分も含まれているはずです。

でも、健ハニの場合には使えないなぁ。社長が開発に突っ走っちゃってるから。ところで木村さん、この製品――健ハニの原価はいくらですか?

まだわかりません。私たちがしているのは実際原価計算ですから、実際の原価が発生しないことには。試算はできますが、材料費、労務費、経費のデータをもらわないと。

そうだった。それは社長じゃないとわからないな。いや、社長もわかってないかもしれない
うん、絶対にわかってない!

第3章

要するに、いくらなら「売れる」のだろうか?

原価だけでなく、営業の視点で値決めを見ることも大事です。どんなに優れた商品でも、それが売れて、利益の出る価格でなければ、あまり意味はないのですから……。

この章の登場人物

小林次長

渡辺食品営業部次長。部下の面倒見がよく、部員に慕われている。熱血指導タイプなのでやや「暑苦しい」と言う人もいるが、好人物。渡辺食品サッカー同好会のコーチも務める。

山本くん

コストと原価の話は聞いたが、「健康ハニーたくあん」の値決めの方法はあいかわらずわからない。とりあえず営業部に戻ると、そこにいた小林次長が……。

1　高くても買ってもらえる場合があるんだ!?

「価格感受性」の考え方で値段を決める

ただいま戻りましたー

おお山本くんおかえり！　健八二の値決めをやってるんだってな。大丈夫！　キミならできるよ。絶対大丈夫。

あ、ありがとうございます……。いま、コストと原価の話を聞いてきたところで。

それも大事だが営業マンなら、まずお客様のことを考えるんだ。お客様がどういう値段を求めてるかってことだよ！

価格と需要の関係性に注目！

おや？　ちょっと意外ですが、小林次長との会話、いい方向に進んでますね。私、中村も、コストや原価の前に、そのことに気づいて欲しかったんですよ。

つまり、**価格と需要の関係――どのくらいの値段だと、どれくらい商品が求められるかということですね。**もう少し、２人の会話を聞いてみましょう。

本で読んだんだが、価格ナントカ性ってのがあるんだよ。価格カン、カン……そうだ、価格カンドウ性だ！　お客様を価格で感動させるんだよ！

へえ～、感動させるんですか。喜んでもらったら売れますよね

　違います、価格感受性です。

「価格感受性」は、その商品の値段をお客様がどれだけ気にするか、ということです。もちろん、人によっても違います。同じ２９８円のたくあんでも、高いと感じる人もいれば安いと思う人もいるでしょう。

　一般的には、値段の高い商品と、頻繁に買う商品で、価格感受性が強くなります。家を買うときは、値段が最重要な要素のひとつになるでしょうし、頻繁に買う野菜などでは、１円の違いでもわざわざ遠くのスーパーに出かける奥さんがいますからね。

なるほど。やっぱり安いほうがいいですからねえ。

でも、それだけじゃないぞ。たとえば、カレーライスの福神漬けや、鰻の蒲焼きの奈良漬けは、あまり値段を気にせずに買ってもらえるんだ。代わりになる漬け物がないからだよ。

福神漬けや奈良漬けに、代替商品がないかどうかはよくわかりませんが、代替品がない場合に価格感受性が弱くなることはたしかです。きわめて個性的な商品の場合も、価格感受性は弱くなります。

高くても売れる場合がある！

ですから、健ハニのようなほかにない商品で、お客様が気にいった場合も、価格感受性が弱くなる――あまり値段を気にせずに買ってもらえる可能性がありますね。

そうか、多少高くても買ってもらえる場合があるんだ。

だろ？　京都の老舗のしば漬けなんか、すごく高くても買ってもらえるぞ

品質が良くて高級と思われている――ブランドになっている場合も、価格感受性は弱くなります。宝石やアクセサリーなどでは、高いほど良い商品と思われて逆に売れるケースもあるくらいです。

そのほか**次のような場合に、価格感受性は通常より弱くなります**。

・新築の家のカーテンなど、全体に比べて出費の割合が小さい
・送料無料など、出費の一部が負担されている
・プリンターのインクなど、すでに持っている商品と併せて使う
・誕生日のケーキなど、保存しておくことができない

値決めをする場合は、商品とお客様の価格感受性をよく調べることが必要です。

価格感受性が強い場合は、文字どおり「1円でも安く」しなければなりません。商品の売行きに直結するからです。

一方、ここまでにあげたような要因で、価格感受性が弱いと考えられる場合は、むやみに安い値段を付けるのは考えものでしょう。安くした分の利益を、自分で捨てていることになるわけですから。

138 「価格感受性」の考え方とは？

価格感受性

「その商品の値段を、
お客様がどれだけ気にするか」
ということ

「値段の高い商品」
「頻繁に買う商品」etc.
▶ 価格感受性が強くなる！

「代替品がない」
「ブランドもの」
「誕生日のケーキなど
保存できない」etc.
▶ 価格感受性は弱くなる！

値決めをするときは、商品とお客様の価格感受性をよく調べておく！

② さらに、価格と「需要」のビミョーな関係

「需要曲線」というものがあるのです！

値段と売行きの関係って、ビミョーですよね。

それをあらわすナントカ曲線っていうのもあるぞ。ジュ、ジュ……ジュウヨウ曲線だ。これがまた、重要な曲線なんだよ！

へえ～、重要曲線ねえ……。次長、よく知ってますねえ。

違います、需要曲線です。

「需要曲線」は、値段と、それに対応する売行き＝需要の関係をあらわします。具体的には、縦軸に価格、横軸に需要をとったグラフです。

一般的には、価格と需要は反比例の関係になるので、価格が高いほど需要は少なくなり、需要曲線は右下がりとなるものです。ただし前項で見たように、高級品などでは逆に価格が

高いほど需要が多くなる——需要曲線が右上がりになることがあります。もっとも、価格が高すぎても需要は下がるので、需要曲線は一概にこうとは言えませんね。

ふーん、普通は価格が高いほど需要が下がるのか。

よし！　ホワイトボードに描いてやろう。こうなるんだな（次ページ図）

ほー、次長うまいじゃないですか。

文字の間違いは私、中村が直しました。この需要曲線があらわしているのは、それぞれの価格を付けた場合の、売行きの推定量と言えます。前項で見た価格感受性との関係で見ると、それぞれ違う価格感受性を持つお客様全体の反応の合計と言えるでしょう。

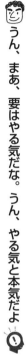

いくらの価格だったらどれだけ売れるってわかったら、値決めに役立ちますね。この曲線って、どうやったらつくれるんでしょう？

うん、まあ、要はやる気だな。うん、やる気と本気だよ

138 価格が高いほど需要が下がるのか……

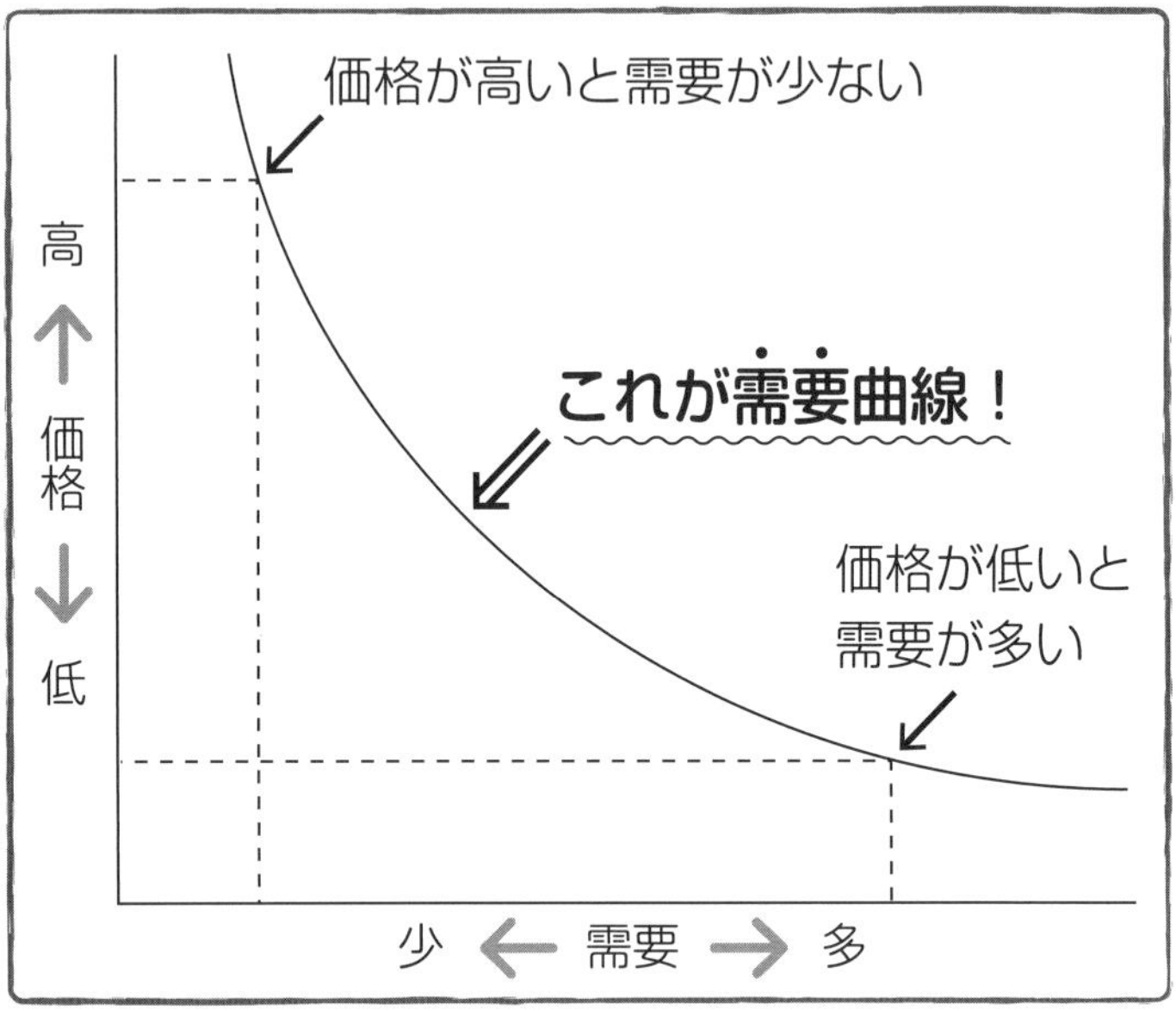

そうですよね！　なんか原価計算の話で疲れちゃったから、元気出てきたなあ。

違います、やる気だけではできません。

需要曲線をつくるには３つの基本的な方法があります。

第１は、過去の商品の価格、販売量などを分析して、価格と需要の関係を求める方法。ただし、より正確な曲線にするには適切なデータと、統計の知識・技術が求められます。

第２の方法は、テスト販売などを実施して、価格の実験調査

を行なうことです（→P139）。インターネットを利用して実験調査を行なうこともできますが、競合他社に新製品の情報を流すことにもつながるので、注意が必要です。

第3の方法では、実験調査の代わりにアンケート調査をし、いくらの価格ならどれくらい買うかを答えてもらう。ただし、お客様はアンケートの場合、高い価格では少なめに、低い価格で多めに答える傾向があるので、正確な需要曲線ができる保証はありません。

いずれの方法でも、本格的な統計分析や、マーケティング・リサーチが必要になります。ある程度正確な需要曲線をつくろうと思ったら、あまり簡単ではないということですね。

健ハニの場合は、時間もお金もないからなあ。この曲線つくるのはちょっとムリかも。

大丈夫、キミならできる！

次長、励ましてもらうのは、とてもありがたいんだけど、どうすればいいのかを教えてくださいよ

3 価格の変化に敏感な場合、鈍感な場合

「価格弾力性」という考え方もあるんです！

健ハニのナント力曲線、つくれたらよかったなあ。どんなふうになってたかな？

商品によって価格の変化に敏感な場合と、鈍感な場合があるんだ。何て言ったかな？ 価格ダン、ダン……そうだ、価格ダンセイだ！ 価格の変化は男性的なんだよ

これも違います、価格弾力性です。もっとも、「価格弾性」と言うこともありますが、男性的じゃありません。「価格弾力性」は、需要が価格の変化に対して、どれだけ敏感に反応するかをあらわすものです。たとえば、同じだけ価格を下げた場合でも、商品によって大きく売行きが伸びる場合と、さほど売行きが伸びない場合があるのです。

さっきの図を描き直してやろう。こうなるんだ……たぶんな（左図参照）。

138 需要が弾力的、弾力的でない……って、どういうこと？

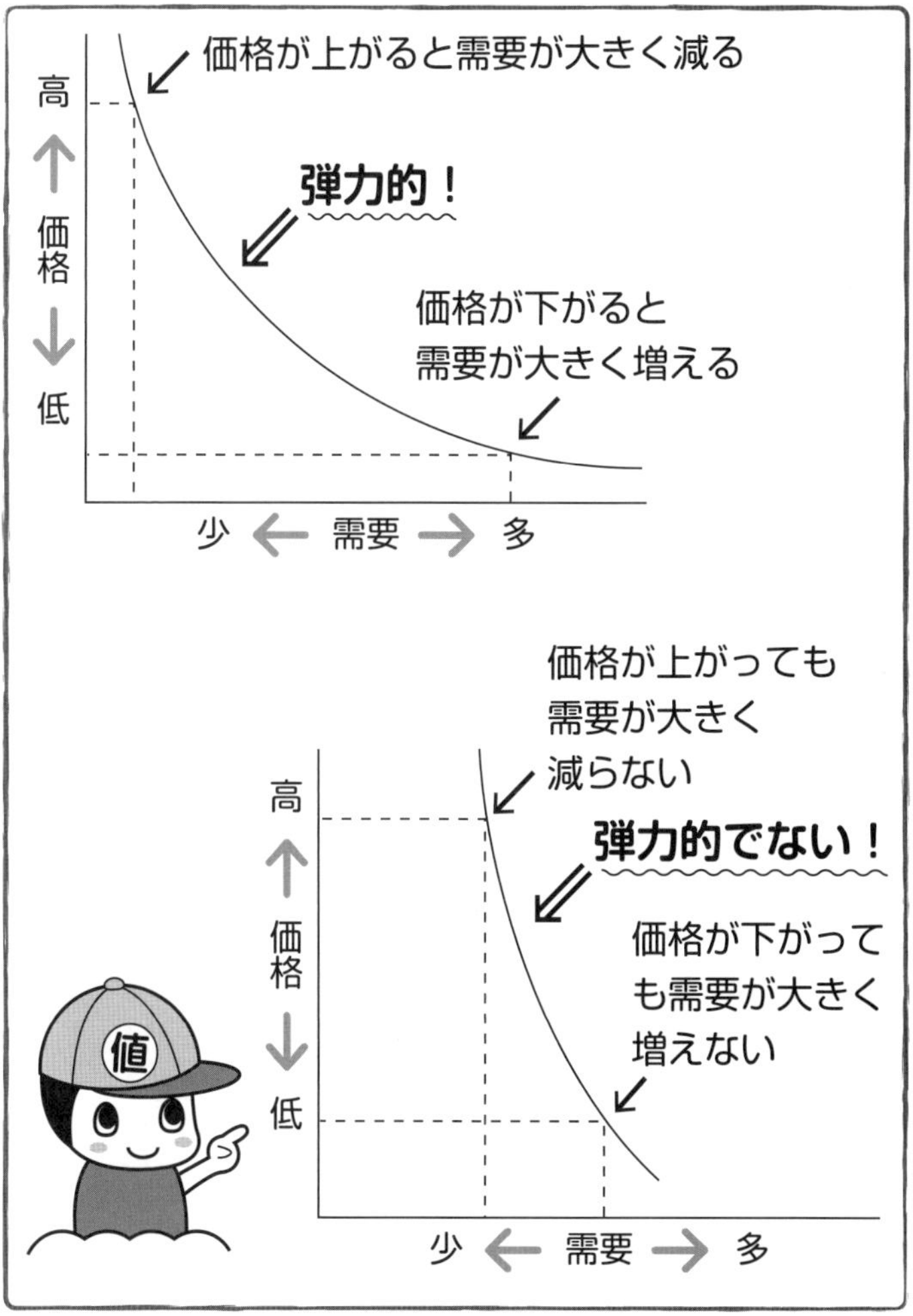

価格によって需要が大きく変化する場合は「需要が弾力的」と言う

価格が変化したときに需要が大きく変化する場合は、「需要が弾力的」と言います。価格を下げると売行きが急激に伸び、価格を上げると売行きが急速に落ち込むようなときに「需要が弾力的だ」というわけです。

逆に、価格が変化しても需要の変化が小さいときは「弾力的でない（非弾力的）」です。

需要が弾力的であればあるほど、売る側としては価格の引下げを考える必要があります。引き下げた価格以上に売行きが伸びれば、結果として利益が増えますからね。

要するにお客様が価格に敏感なときほど、安い価格にしなきゃいけないってことだな

じゃ、逆に価格に敏感でないときは、価格を上げてもそれほど売行きに影響しないってことですか？　あまり考えないで値決めをしてもいいのかな？

うん、まあそういうことになる……かな。

曖昧だなあ……。次長、わかって言ってるんですか？

当たり前だろ。たぶん合っているさ♪

弾力的である場合ほどには、売行きに影響しないというのはそのとおりです。でも、考えないで値決めをしていいわけじゃありません。**弾力的でない場合は、逆に価格を下げてもそれほど売行きが伸びない**のです。

つまり、価格の面から売行きを伸ばす手だてがないわけですね。最初からしっかり利幅を取っておかないと、後で販売量によってカバーするという方法が使えません。

価格に敏感な商品、敏感でない商品って、どんなものでしょう？

セールをするとジャンジャン売れるのが敏感で、売れないのが敏感でないんだよ。当たり前じゃないか。

商品によって弾力性が決まるわけではない

それはそのとおりですが、一般的に贅沢品《ぜいたくひん》は需要が弾力的で、生活必需品は弾力的でないとされています。

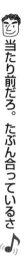

ただし、**どんな商品かというだけで、価格弾力性が決まるわけではありません。次のような場合は、価格弾力性が小さくなります。**

・代替商品や競合商品が少ない
・たまにしか買わないものなど、価格の変化に気づきにくい
・お気に入りのブランドなど、購買習慣を変えにくい
・材料の値上がりなど、価格の変化もしかたないと思える

もっとも、**価格弾力性は変化の大きさや方向にも影響されます。**わずかな値上げなら売行きに影響しないこともあるし、値上げは影響しても値下げでは売行きに影響がない、といった場合もあるのです。

さらに、値上げしてすぐには影響がなかったのに、年間の売行きで見たら落ちていたということもあります。価格弾力性も、単純には評価できませんね。

4 売っているのはわが社だけじゃない！

競合他社の価格も見なければならない

価格ナントカ性も単純じゃないなぁ。うまく値決めできるか、何だか不安になってきた。

大丈夫だよ、キミならできる。キミの値決めで、ライバル社のたくあんに勝つんだ！

いや、そうだと嬉しいけど、そんなにあっさりとはいかないような……。そういえば、たくあん売ってるのはウチだけじゃないですよね。よそのたくあんの値段も考えて、値決めしなきゃいけないのかなあ……。

まあ、なんだ……よそはよそ、キミはキミだ！　自分を信じれば何とかなる！

いや、自社は自社ということはわかるけど、なんかそういうことじゃなくて……

もちろん、競合他社の価格も考えに入れる必要がありますね。

と言っても、単純に同じ値段にするとか、よそより安くするというのではありません。そういう値決めの方法もありますが（↓P147）、**まずはよそとの違いを調べること**です。

もし、**自社の製品がよそにない特長を持っているなら、それがお客様にとってどれだけの価値があるかを調べ、その分を他社の価格に上乗せして考えていい**のです。逆に、他社の製品に自社にない特長があるときは、他社の価格から差し引かなければなりませんが。

小林次長は気合いばかりですが、言うことにも、実は一理あります。他社の価格に、自社、他社の特長をプラスマイナスしたものを、そのまま自社の価格にしなければならないということはありません。よそはよそ、なんですね。

そういう計算をしたうえで、需要や、自社の原価・コストも考慮に入れ、競合他社より高い値段にするか、同じにするか、安い値段にするか、と判断していいのです。

まず価格の下限を考えてみましょう。これは、第1章、第2章で見た、原価を含めたコストです。コストを下回ると利益が出ないので、これ以下の価格は付けられませんね。

では上限は？　これは、先ほどの需要曲線で見て期待する需要＝売行きが見込めなくなる価格です。つまり、これ以上の価格を付けたら売行きが悪い――「売れない」と考えられる価格が上限価格になります。

コストを割らないように、売れない値段にならないように、キミが値決めするんだよ。任されたんだから自信を持ってやればいいんだ

そうか、コスト割れしないギリギリの価格と、売行きが悪くならないギリギリの価格の間で値決めすればいいんだ。……図で考えてみるとこういうことかな？（左図）。

138 この範囲で値段を決めればいいんだ！

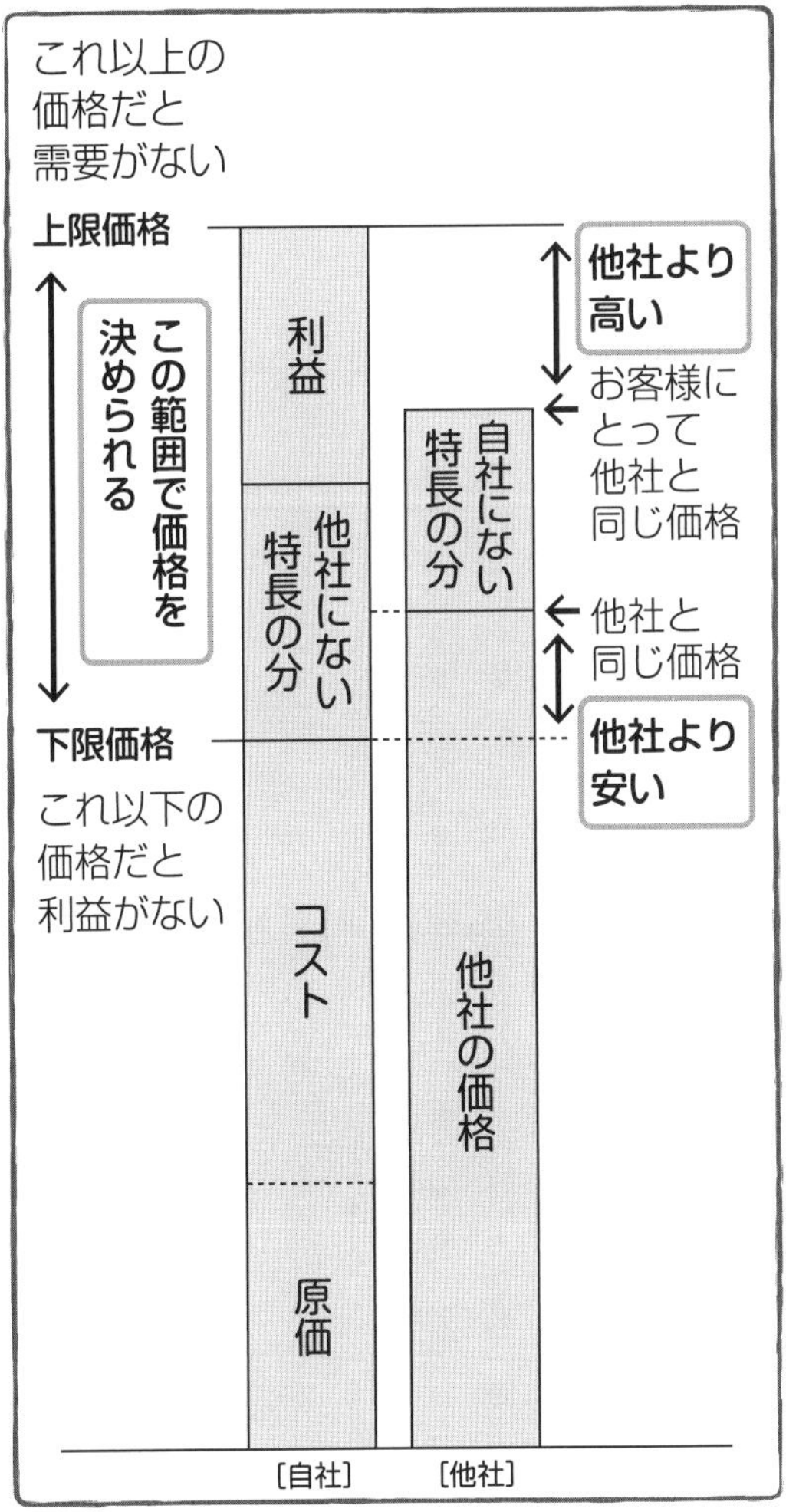

おお山本くん、成長しましたね。需要と価格、自社の原価・コスト、他社の価格の関係は、ザッとこんなものです。

下から見ていくと、まずコストを下回らない下限以上なら、他社より安い価格を付けることができます。販売面では有利になるでしょうが、その分、利益が薄くなる値決めです。

次に、他社と同じ価格を付けることもできますが、**他社にない自社の特長の分と、自社にない他社の特長の分をプラスマイナスすると、お客様から見て他社と同じ価値の値決めになります**。さらに、これ以上では「売れない」という価格を上限として、他社より高い価格にすることも可能です。この場合は、販売面で不利になるかもしれませんが、その分、厚い利益が期待できます。

と言っても、幅がありすぎるなぁ。要するに、この間のいくらなら「売れる」んだろう？

それが簡単にわかれば苦労はしませんね。小林次長は、「消費者心理を読む」ということを言っているのですが、もっときっちりしたマーケティングの考え方も必要です。競合他社との比較も必要。それは次の第4章で見てみましょう。

第4章

要するに、どうやったら「値決め」できますか?

原価も大事だけど、マーケティングの考えも値決めにはもっと大事です。消費者が買ってくれなかったら、どんな値段も意味はありません。そのあたりを見てみましょう。

この章の登場人物

加藤店長

渡辺食品が直接取引をしているスーパーＫＡＴＯＨの女性店長。大学ではマーケティングを専攻、広告代理店に勤務していたが、父親の引退で家業のスーパーを継いだ。五〇歳ぐらいのはずだが、とてもそうは見えず、出入り業者の間では「美しすぎる店長」と呼ばれているとか、いないとか。

山本くん

小林次長のアドバイス（?）で、需要と価格の関係、値決めの幅などを知ったが、具体的な値決めの方法はまだわからない。通常の業務もこなさなければならないので、ルート営業先のスーパーＫＡＴＯＨを訪問した山本くんだったが……。

1 そもそも「値決め」とは……

マーケティングと価格設定の関係を見てみる

ちわっーす、渡辺食品でーす♪

あら、山本くん。私が出張に出てたからお久しぶりね。元気にしてた?

全然、元気じゃないです。ふだんの仕事のうえに新製品の値決めを押しつけられて、もうヘトヘトです。

値決め? ああ、値決めはたいへんだよね。わかるわー。でもね、押しつけられたって考えないほうがいいと思うな。社長も山本くんを見込んだから頼んだのよ。

そうかなあ……。そう思うことにします。……あ、そうか。加藤店長は自分でも店頭の値決めしてるから、わかってもらえるんだ!

店頭商品の値決めをしているスーパーの店長さんとは、山本くん、いい人と会いましたね。

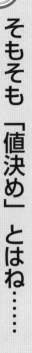

しかも加藤店長は、大学でマーケティング専攻だというじゃありませんか。

値決め――価格設定の方法は、マーケティングの分野で研究・整理されています。**マーケティングには、「4つのP」と呼ばれる古典的な分類があって、そのひとつがプライス、すなわち価格戦略**なのです。

ちなみに他の3つは、プロダクト＝製品、プレイス＝流通、プロモーション＝販売促進の戦略です。

小林次長と話をして、コストが下限で、需要が上限、競合他社の価格と比べて調整する、ってとこまではわかったんですが、それだけじゃ幅が広すぎて……。

あらー、よく勉強してるわねえ、感心感心。

あ、なんかもう、人を子ども扱いするんだから。

ごめん、ごめん。山本くんって、私の息子と歳が違わないから、ついね。それに山本くんより若い店員さんもいるしさ。ま……でも、そこまでわかってるなら値決めできるでしょ。値決め――価格設定の方法というのは、その3つの中のどれかを使ってするものよ

えっ、ホントですか⁉

前章で小林次長が持ち出した「価格感受性」「需要曲線」「価格弾力性」、それに競合他社の分析といったものは、すべてマーケティングによる研究の成果なのです。

さて、山本くんが加藤店長からどんな話を聞けるか、これは期待できそうですね。

そもそも価格設定って、どうやったらできますか!?

じゃ、さわりだけでもね。子どもに授業するみたいね

こ……子じゃないです、ボクは

あ、またまた、ごめんごめん。山本くんも、入社3年目だもんね。

そうですよ〜、ったくう。

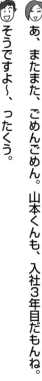

2 コストに利幅を乗せるのがフツーの方法ですが……

マークアップ価格設定とは？

「マーケティングの神様」と言われているコトラーと、ケラーという人の『マーケティング・マネジメント』という本には、価格設定の方法が6つ紹介されているのよ。

値決めの方法って、たくさんあるんだ……。

まずコストに目をつけると、コストにマークアップを乗せるって方法がいちばんフツーよね。あ、「マークアップ」というのは利幅のこと。

利幅……、それは社長も言ってましたが……。具体的にどうやるんですか？

最も基本的な価格設定法は、製品のコストに標準的な利幅を上乗せして決める方法です。利幅のことを英語でマークアップと言うので、「マークアップ価格設定」。

ただし、コストには変動費と固定費があるので、分解しておかなければなりません（↓P

61）。また、製品1個当たりの固定費は生産量によって変わるので、売上数量を推定しておくことも必要ですね。

これができれば、マークアップ価格を計算して価格を設定できます。

これは、社内研修用に私が整理したものなんだけど（133ページ図）。

おーっ、参考になるー

変動費、固定費っていうのは……。

あ、わかります。経理で聞いてきましたから。

じゃあ、話は早いかもね。経理にも行ってきたの？

はい、原価計算とか。むずかしかったです。でもおおまかなところはわかった……つもりです。

で……原価の変動費、固定費は試算してもらえるだろうけど、販管費はどうするんですか？

経理では1個当たりの販管費は計算できないって言われちゃいましたよ

経理の人はそう言うでしょうね。でも、方法はあるよ

財務諸表をつくる経理・会計の立場からは、1個当たりの販売費および一般管理費などと

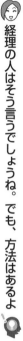

いうものは計算できません。しかし価格設定のためにある程度、合理的な1個当たりの販管費を計算することはできます。

たとえば、**販管費の年間総額を、販売管理部門の年間総勤務時間と人数で割ると、1人1時間当たりの販管費が計算できるはず**です。一方で、販売管理部門の年間総勤務時間を、製造部門の年間総作業時間で割ると、販管部門と製造部門の時間の割合が計算できます。

1人1時間当たりの販管費に、この割合を掛けると、製造部門の1人1時間当たりにいくらの販管費を割り振ればいいかがわかるでしょう。

そして、その製品1個当たりに製造部門でどれだけの時間がかかるかは原価計算によって試算できるので、製品1個当たりの、ある程度合理的な販管費が計算できるのです。

このとき、販管費に営業外損益をプラスしておくと、経常利益ベースのコストが計算できます（→P58）。

ふむふむ……で、この「期待利益率」ってのは、どうやって決めるんですか？

利幅を厚く取りたいか、薄利多売にしたいか、それは会社の経営戦略しだいね。

なんだ、やっぱり社長が決めるべきことだったんだ。

でも営業の立場から、意見を言うことは必要よ。そのために抜擢されたと思わなきゃ。

138 基本は、コストに利幅（マークアップ）を乗せる！

製品1個当たりコスト＝

$$1\text{個当たり変動費}+\frac{\text{固定費}}{\text{販売数量}}$$

例

1個当たりの変動費	200円
固定費	500万円
推定販売数量	5万個

$$\text{製品1個当たりコスト}=200\text{円}+\frac{500\text{万円}}{5\text{万個}}$$

$$=300\text{円}$$

$$\text{マークアップ価格}=\frac{1\text{個当たりコスト}}{(1-\text{期待利益率})}$$

例

期待利益率　20%

$$\text{マークアップ価格}=\frac{300\text{円}}{1-0.2}$$

$$=375\text{円}$$

3 投資額の「リターン」に狙いをつけるのもアリですよ

ターゲット・リターン価格設定の話

コストだけじゃなくて、新製品の開発費とか設備の投資額も含めて価格を設定する方法もアリよ♥

へえ、投資額。そういえば社長、健ハニの開発にだいぶお金を使ってるんじゃないかな。

投資額のリターンに狙いをつけるから「ターゲット・リターン価格設定」って言うのね。これが社内研修で使った資料だけど（左図）

ターゲット・リターン価格設定では、「投資収益率」（ＲＯＩ）という経営比率を使って、目標とする利益を計算します。

たとえば、前項と同じ製品の例で、投資額が２０００万円、期待する投資収益率が20％だとすると、ターゲット・リターン価格は左のようになります。

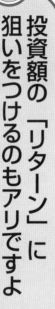

138 新製品に投資した額のリターンから値決めする!?

投資収益率（ROI:Return On Investment）

$$=\frac{\text{利益}}{\text{投資額}}$$

ターゲット・リターン価格

$$=\text{製品1個当たりコスト}+\frac{\text{期待利益率}\times\text{投資額}}{\text{販売数量}}$$

例

製品１個当たりコスト	300円
投資額	2000万円
期待利益率	20%
推定販売数量	５万個

ターゲット・リターン価格

$$=300\text{円}+\frac{0.2\times2000\text{万円}}{5\text{万個}}=380\text{円}$$

でも、こういう利幅とか収益から価格を設定する方法って、あまり良くないんだよねえ。

どうしてですか？　シンプルだし、理屈が通ってると思いますけど。

そこが問題なのよ。

マークアップ価格設定やターゲット・リターン価格設定は、データさえそろっていれば計算が簡単だし、コストに利幅を乗せる考え方は当然と思えるので、よく使われています。

しかし、単純にこれらの方法で決めてしまうと、需要や、他社の価格を無視した価格設定になってしまうので、注意が必要です。

さらに、推定販売数量を元に計算が行なわれているので、売行きが予想を下回ると、期待する利益が得られない結果にもなりますね。

マークアップ価格設定やターゲット・リターン価格設定で期待した利益が得られるのは、販売数量が推定どおりになった場合だけなのです。

販売数量が予想を下回ると利益の額が減るし、もっと下回ると固定費の分で損失になることだって……。

あ、損益分岐点ですね！　売上高がこれを下回ると損失が出るという……。

すごい！　何でも知ってるのね！　えらいなー

いちいち驚かないでくださいよ。さっき教わったばかりです。

だって山本くん、褒められて伸びるタイプでしょ。

それはそうですが、褒められてばっかりみたいなのも、ちょっと。。。。。。

贅沢なこと言わない！　私だって人を叱ることはあるのよ。

はい、そう思いま～す

実際の売行きは、価格弾力性（→P116）や他社の価格に左右される要素も大きく、それらを無視した価格設定はできません。

マークアップ価格やターゲット・リターン価格を計算するのはいいとしても、単純にそれだけで決めず、他の価格設定の方法も検討して、それで販売数量や利益がどうなるか試算してみることが大切です。

4 いくらなら「買ってもいい」と思います？

「知覚価値価格設定」？ それって何？

そこで必要になるのが「知覚価値価格設定」などの方法なのね。

「チカクカチ」？ 何です、それ。

普通の人は知らなくて当然だよね。お客様が、商品について「知覚」している品質とかイメージとか価格とか——要するに、お客様の頭の中にあるその商品の価値のことね。

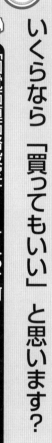

お客様が、その商品に対して抱いている総合的な価値判断が「知覚価値」です。知覚価値と価格が見合っていると、お客様は適切な価格だと感じます。

知覚価値は人によって違いますが、より多くの人の知覚価値に見合った価格だと、その商品は「売れる」のです。そこで多くの人の知覚価値を調べて、それを基準に価格を設定する方法が「知覚価値価格設定」というわけですね。

要するに「売れる」値段を調べるってことか。そんなの、どうやったらわかるんです？「いくらなら買ってもいいと思いますか」なんて、聞くんですか？

よく似た製品の知覚価値を参考にしたり、過去のデータを分析したり、マーケティング・リサーチをすることが多いわね。はいこれ、研修資料（141ページ図参照）

マーケティング・リサーチでは、競合他社の商品の観察調査や過去の行動データを調べたりもしますが、代表的なのはアンケートに答えてもらうサーベイ調査でしょう。

大規模なマーケティング・リサーチでは、価格を変えたテスト販売なども行ないます。こうした調査では、利幅を厚くした場合、薄くした場合の需要の変化などもある程度、知ることができます。

こうして調べた「売れる」価格がコストより低い場合は、コスト削減や商品の仕様見直しなどによってコストのほうを下げなければなりません。

つまり、マークアップ価格設定などがコストを重視する価格設定なのに対し、知覚価値価格設定は需要を重視する価格設定なのです。

あ、原価企画の考え方だ（→P102）。

そんなことまで知ってるの!? すごいわねえ、いやこれはお世辞じゃなくって

それなりにあちこち走り回って教えてもらってますから！

そうね、でも大切なのは、いまの知覚価値を調べるだけじゃなく、知覚価値をお客様の頭の中に植えつけたり、いまの知覚価値を高めることもできるってことよ

たとえば広告などの販売促進活動によって、お客様の知覚価値を高められます。人は、まったく知らない商品より、知っている商品のほうに高いお金を払うものですからね。あるいは対面販売なら、商品を詳しく説明し、お客様に知ってもらうことでも知覚価値を高めることができます。

ウチのスーパーでも、テレビ広告なんかでよく知られている大メーカーの商品は、少し高い価格でも売れるよ。広告を打っていないメーカーの商品よりも。

社長もそんなこと言ってたなあ（→P40）。

山本くんも、ちゃんと商品知識を身につけて、私たちにきちんと説明できるようにしないとダメよ。そうすれば、渡辺食品の商品は知覚価値が高まって、少しくらい高い仕切りでも売れるんだから。

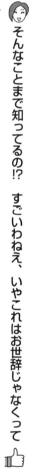

138 「マーケティング・リサーチ」って何をするの?

〈マーケティング・リサーチの主な調査手法〉

観察調査

来店した顧客など調査対象の人と環境や、
競合他社の商品を観察する

フォーカス・グループ調査

一定の条件を満たす人を集め、討論をして
もらったりグループ・インタビューを行なう

サーベイ調査

質問票やインターネット上のアンケートで
直接、質問に答えてもらう

行動データ

お客様の取引履歴や購買履歴など、
購買行動のデータを分析する

実験調査

同じ商品を価格を変えてテスト販売する
など、実験を行なって調査する

5 思い切った値段を付けちゃえ!

「バリュー価格設定」は〝攻め〟のスタイルです

もうひとつ、需要重視の価格設定に「バリュー価格設定」があるね。

バリュー? イオンのトップバリュとか西友のグレートバリューとか?

うーん、たぶんそういう意味のネーミングね。グレートバリューの本家、アメリカのウォルマートはバリュー価格設定の代表選手だからね。

「バリュー価格設定」は、高い品質の商品にかなり低い価格を付ける価格設定方法です。当然、相当の需要――売行きが期待できますね。

単なる安売りとの違いは、安くするために品質を犠牲にしないということ。そのために、メーカーでは材料の仕入れから製造、流通まで、小売では仕入価格から販売現場の経費に至るまで、すべてのプロセスで抜本的な改革を行なうのです。

トップバリュやグレートバリューなど、小売店などの流通業者がつくるブランドを「プライベート・ブランド」と言いますが、いずれのプライベート・ブランドも、セールスポイントにしているのは高品質・低価格です。
また、バリュー価格設定で成功した企業の例としては、ユニクロ・GUのファーストリテイリングや、家具のイケア、通信大手のソフトバンクなどがあります。
ただの安かろう悪かろうとは違う、経営戦略的な価格設定であることがわかるでしょう。

品質のいい商品に、思い切った価格を付けちゃおう！　ってことか。あれ？　じゃあ西友の「エブリデー・ロー・プライス」ってのも、ひょっとして……。

バリュー価格設定のタイプのひとつよ。

へぇ〜、それは知らなかったなあ。

ま、山本くんじゃ仕方ないかな。

な、な、なんですかその言い方。ボクも勉強してるんです！

ごめん、ごめん

「エブリデイ・ロー・プライシング」は、バリュー価格設定の重要なタイプのひとつです。**マーケティングでは「EDLP」と略されるほど一般的で、西友の親会社ウォルマートは「EDLPの王者」とも言われます。**

EDLPは小売業でとられる価格戦略ですが、安売りセールなどはほとんど行ないません。その代わり、文字どおり毎日、つねに低価格を付けます。

EDLPと対照的なのが「ハイ・ロー・プライシング」です。ふだんはハイ——比較的高い価格を付けていますが、いったんセールとなるとロー——EDLPよりずっと安い価格に下げます。

一般のスーパーなどでよく見られる戦略ですが、セールとその広告宣伝などを繰り返し行なうのには大きなコストがかかるうえ、セール以外の日の店頭価格がお客様から信用されなくなるのがデメリットです。

だったら、スーパーはみんなエブリデイ・ロー・プライシング——EDLPにしたらいいのに。

仕入れからレジまで抜本的な改革が必要になるからね。ウチくらいの規模のスーパーにはEDLPはむずかしいのよ。それに……。

抜本的な改革をしても、ＥＤＬＰが必ず成功するという保証はどこにもありません。それに対して、ハイ・ロー・プライシングは古典的とは言え、必ずと言っていいほど、お客様の購買意欲を刺激するすぐれた方法です。

安売りセールとその広告は、今なおたくさんの買い物客を引きつけているのです。

そのためほとんどのスーパーは、一方でふだんの価格を引き下げつつ、一方ではあいかわらずセールと広告を繰り返すという、ハイ・ロー・プライシングとＥＤＬＰを組み合わせる戦略を取っています。

6 それとも競争相手に合わせるか……

現行レート価格設定と他の価格設定の違いは?

マークアップ価格とターゲット・リターン価格がコスト重視の価格設定で、知覚価値とバリュー価格が需要重視。となると次は?

えーと、3つの要素の最後、競合他社の価格重視

はい正解。よくできました。

小学校の授業を受けてるような気になってきた……。

小学校の授業じゃないけど、実際、授業よね。これが終われば優秀なマーケッターの入り口ぐらいには立てるかもよ

おーし、やる気出てきた……でもちょっと複雑ですねぇ

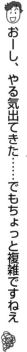

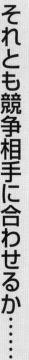

主に、**競合他社の価格にもとづいて価格を設定する方法を「現行レート価格設定」**と言います。と言っても、単純に他社に合わせるのではなく、他社の価格を基準にして、それより高くするか、同じにするか、安くするかと、検討して価格を設定する方法です。

たとえば日用品など、一般的なために他社との差別化がむずかしい商品では、他社と同じ価格にしておくのが安全策になります。

また、何かの理由でコストがつかめなかったり、需要の予測がむずかしいときも、他社と同じ価格にしておくのが安心です。他社がその価格で、これまでやってこれたという実績がその業界にあるからです。

あるいは中小企業では、知覚価値の点でどうしても大メーカーの商品に劣ることから、大メーカーの価格より安くするのが一般的でしょう。反対に大メーカーでは、広告費などを大きくかける代わりに、中小メーカーより高い価格を付けることができます（↓P140）。

現行レート価格設定では、競合他社より高くするか、安くするか、それとも合わせるか、って考え方をするわけね

なるほど。これで価格設定の方法が5つ。全部で6つって言ってましたよね。後のひとつは?

後のひとつは「オークション型価格設定」なんだけど、これはネット・オークションとか、入札方式のときの価格設定だから一般的じゃないわ、説明省略。価格設定方法の授業はこれで終わります。

まだ続くんですか

もちろん。価格を決めるのは、けっこう奥が深いのよ。

ほえ~、ま、頑張るか。原価計算よりは身近だしなあ

原価計算も大事だけど、値決めはそれだけじゃダメよね。

ボクも何となくそれは感じていたんですよねえ。原価は大事なのはわかるけど、値決めって、それだけじゃないような……。

そこまでわかってきたなら、あと一歩ね!

7 小売価格を「希望」する？　しない？

希望小売価格とオープン価格の違いは？

ところで希望小売価格はどうするの。

希望小売価格——上代のことかあ。考えてなかった、考えなくちゃいけませんかねー。

もちろんよ。卸価格の案を出すんだったら、希望小売価格をどうするかも提案しなくちゃ。子どもの使いじゃないんだからね。

「希望小売価格」は、メーカーなどが設定する小売段階での販売参考価格です。「メーカー希望小売価格」とも言いますね。

あくまでも**希望価格ですから、小売に対する拘束力はありません**。日本では、メーカーが小売価格を指定して販売させることは、独占禁止法で原則禁止とされています。小売店は希望小売価格より高くも、安くも売ることができるわけです。

高くも安くも売れるのに、なんで希望小売価格なんて決めるんでしょう?

ブランドイメージを守るためよ。この商品はこれくらいの価値があります、って示すわけね。
それに小売側も、希望小売価格をまったく無視するわけじゃないし♪

法的な拘束力はないと言っても、希望小売価格にはある程度の影響力があります。小売店は、希望小売価格を基準に高くするか、安くするかと考えますし、場合によっては希望小売価格どおりに売価を決定することもあります。

小売店が販売価格を決定する際の、基準になっているわけです。

また、希望小売価格が商品などに記載されていない場合でも、最近はインターネットなどで簡単に調べることができます。一般の消費者が実際の販売価格との差を調べて、買うか買わないかを決めることもあるでしょう。

そこがある意味、希望小売価格を決める場合のメーカー側のデメリットね。小売側としては、
希望小売価格と販売価格の差が大きいほど、安く売ってることがアピールできるわけだから。

量販店やディスカウントストアなどでは、希望小売価格と実際の販売価格を並べて表示していることも珍しくありません。

その差が大きすぎると「たたき売り」的な印象が強くなり、メーカーにとっては、かえってブランドイメージを傷つけてしまうことになります。

たたき売り的な印象になるのは、避けたいなあ。社長も嫌がるだろうし

だよね？　渡辺社長は今度の商品を「品質は絶対！」と言ってたよ。

そうなんです、だからコストもかかってるみたい……。

そこで出てくるのが「オープン価格」ってわけ。希望小売価格と違って、小売価格を希望しない方法なのよ。

「オープン価格」は、希望小売価格を設定しないで、販売価格を小売業者の判断に任せる方法です。**小売店は、仕入価格にコストと利益を勘案して、独自に販売価格を決めることになります。**

当然、〇円引きや〇%引きといった表示もできないので、たたき売り的な印象を与えることもありません。

なるほど、オープン価格かぁ。その手もありますねぇ。

パソコンとか、電化製品なんかでオープン価格になってることが多いね。でも、商品のライフサイクルによって、オープン価格を検討することもあるのよ。

商品のライフサイクルが成熟期に入ると、一般的には値くずれを起こす心配が出てきます。また、衰退期に入った商品では、たとえたたき売りになっても、メーカーとしては在庫をさばいてしまいたいものです。

こうした商品はオープン価格に移行すれば、希望小売価格と比較されることなしに販売されます。たたき売りの印象なしに、極端に安い価格で販売することも可能なわけですね。

8 自信があるなら「返金保証」の手もある

リスクを分担させる価格設定の考え方もある

希望小売価格を高くして、たたき売りになるのも困るけど、低くしてこの程度の商品って思われるのも何だしなあ。どうしましょ

どうしましょうって……わからなくなると人に頼るんだから。困った子ねえ。

だから、「子」じゃないですって

ごめん、山本くん。いやホントはもう、山本さんだよね。

そうですよ、ったくなあ。

じゃあね、どうしても価格を下げたくないなら、別の手もあるよ。「リスク分担価格設定」って言うんだけどね

「リスク分担価格設定」は、直接、価格を設定する方法ではありませんが、売り手の側が望む価格を、お客様に受け入れてもらうことを可能にする方法です。

売り手の側が設定した価格がある程度高い場合、お客様としては、その価格で買うことにリスクを感じます。高い値段で買ったのに、期待した品質や性能でなかったらどうしよう、というリスクですね。

そうした場合は**価格を下げる代わりに、お客様が感じているリスクの全部か、一部を売り手が分担する**という手があります。

たとえば、「**返金保証**」です。期待した品質や性能でなかったら、代金を返金しますと保証すれば、お客様は代金がムダになるというリスクを感じずに購入することができます。売り手の側としても、当初のぞんだ価格を下げずに済むわけです。

返金保証かぁ。よっぽど商品に自信がないとできないですね。

逆に、自信があるなら、って条件付きで使える手だけどね。

9 「二重価格」「有利誤認」は絶対にダメ！

価格設定と独禁法・景表法は、切っても切れない関係

返金保証はムリだから……やっぱり、希望小売価格かオープン価格ってことになるのか。でもどうして、「定価」ってつけちゃいけないんでしょうね？

独禁法で原則禁止になってるからよ。そんなことも知らないの？　山本くん、コストとか原価の話以外になると、とたんに知らないことだらけになっちゃうのね。

えっ、そうですかあ？　あははは……（笑ってごまかそう）

独禁法は、正確に言うと「私的独占の禁止及び公正取引の確保に関する法律」という長い名前の法律です。「独占禁止法」と略されることもあります。

メーカーが「定価」で販売することを小売店に強要すると、自由で公正な取引の害となり、市場の正常な価格形成を妨げるので、独禁法では禁止というのが原則です。

そのためメーカーは、希望小売価格として強制力のない参考価格を示すか、オープン価格とすることになっているのです。

ちなみに、私から付け加えておくと、定価を定められる唯一の例外は「著作物」で、書籍、雑誌、新聞、音楽用のＣＤ・レコード・テープの４種類だけは定価を定めてよいことになっています。

メーカーが卸・小売に販売した商品を、卸・小売段階で再び販売する価格を保つことができるので「再販売価格維持」と呼ばれる制度です。

また独禁法は、同業者が価格協定をして、最低価格を取り決めるような価格カルテルを結ぶことも禁止しています。

となると、希望小売価格とオープン価格か。めんどくさいなあ、いっそのこと小売店で適当な希望小売価格を表示してくれればいいのに……

それは絶対にダメ！　二重価格表示で景表法違反になっちゃうのよ！

景表法の正確な名称は「不当景品類及び不当表示防止法」です。

架空のメーカー希望小売価格を表示したり、実際にはない「通常販売価格」、架空の「市価」などを表示すると「二重価格表示」となります。二重価格表示は、景表法で禁止されている行為なのです。

また、価格などについて、実際よりずっと有利だと思わせる表示も不当表示になります。たとえば「今なら半額」と表示しておいて、実は、つねにその価格で販売していた場合などです。このような、お客様に有利だと間違った思い込みをさせる表示は、「有利誤認」として景表法違反になります。

たとえば山本くんが、いつもその価格なのに「今だけ半額！」と言って売り込むのも絶対にダメなわけ。はい、研修資料（次ページ図参照）。

そんなことしませんよお。ウチの商品は、そんなことしなくても売れる、いい商品ばかりですからね。今度の新製品だって、社長によれば「和漢の生薬をふんだんに……」とか。

山本くん……。それも、広告やパッケージに表示しちゃダメよ。生薬とか、薬をあらわす言葉を医薬品以外で表示すると、景表法じゃないけど、薬事法違反になることがあるからね

えっ!?　たいへんだ、社長に教えなきゃ！

138 「独禁法」「景表法」に気をつけなきゃ！

私的独占の禁止及び公正取引の確保に関する法律

独禁法のポイント

①市場を独占してはならない

②企業同士で価格協定をしてはならない

③不公正な取引をしてはならない

不当景品類及び不当表示防止法

景表法のポイント

①不当な実売価格の表示をしてはならない

②不当な二重価格の表示をしてはならない

③不当な希望小売価格の
表示をしてはならない

10 最後は消費者の心理を読みましょう

「心理的価格設定」とは？

さて、価格設定の最後は、お客様の心理を読みましょう、って話。

心理を読む……コストとか需要とか、法律の話じゃなくて？

「心理的価格設定」っていうのがあるのよ。マーケティング手法として、きちんと整理されてるわけじゃないけど……たとえばコトラー先生も、消費者は価格を左から右に読むと言ってるわ。

まず、お客様の心を読みましょう

「心理的価格設定」は、消費者が価格を見て感じる心の動きをあらかじめ読んで、それに応じた価格を付ける方法の総称です。

たとえば、98円という価格を見ると、実際は約100円なのに私たちは「90円台」と感じます。マーケティングの神様コトラー先生が、消費者は価格を「左から右に」読むと言っているゆえんです。

これは、「端数価格」という心理的価格設定の方法なのです。渡辺社長も盛んに強調していましたね。

心理的価格設定にもいろいろあってね。はいこれ、研修資料（163ページ図参照）。主な心理的価格設定は、こんなところかな。

ふーん、どんな役に立つんだろう？

いろいろ役に立つよ。たとえば名声価格と慣習価格では、消費者の慣習というか感覚に関係するから、ただ安ければいいというわけじゃない。

たとえば「名声価格」と「慣習価格」からは、安くすればいいってもんじゃない、ということがわかります。名声価格では高い価格を付けるほど売れることがありますし、慣習価格では安売りをしても効果がないことがあるからです。

わざわざ**需要曲線をつくらなくても心理的価格設定で、価格感受性や価格弾力性に応じた価格が付けられる**わけですね（↓P112）。

●いろいろな、心理的価格設定法●

また、心理的価格設定を利用して、より大きな利益をあげることもできます。
たとえば「段階価格」では、松竹梅などの段階に分けた場合、その売行きはおおむね3対5対2になるというのが定説です。これを利用すると……。

そうか！　利益率の高い商品を真ん中の段階にしておけば、たくさん売れて利益が増える

すごい、すごい。わかってきたじゃない

ボクだって学習能力はあるんですよ！

うーん、渡辺社長が山本くんに任せたのも、あの人の動物的勘かなぁ

なんですか、それ。褒めてるんだか、けなしてるんだか……。

段階価格では、いくつかの価格帯がある場合に、高・中・低に分かれていることで選びやすくなるという効果もあります。

また「均一価格」の場合は逆に、同じ価格にすることで全体に安いと感じてもらえるのがメリットです。**実際、１００円ショップには、ふつうのスーパーで買ったほうが安い商品も並んでいるのですが、私たちはつい、安いと感じて買ってしまいます**からね。

さらに、全体に安いと感じているために、必要性の薄い商品もついでに買ってもらえる効果があります。いずれも、売上げや利益を増やす結果につながるものです。

そのほか「差別価格」では、あえて特別な価格を付けることで、高級感や割安感などを感じてもらえます。より高い価格でも購入してもらえたり、本来ニーズの少ない商品やサービスでも売れるのがメリットです。

いろいろ教えていただき、ありがとうございましたー。

今度来るときは手みやげに、ウチのスーパーへのリベートの話くらい持ってきなさいね。それがビジネスってもんだよ。お互い、持ちつ持たれつなんだからね。

138 「心理的価格設定」ってこういうことか！

端数価格（食品、雑貨、その他全般）

100円ではなく98円、2万円ではなく1万9800円のように、端数にして実際より安いイメージを感じてもらう

名声価格（宝石、美術品、化粧品など）

価格が品質の目安と思われているため、あえて安い価格を付けず、高い価格で商品の価値を感じてもらう

慣習価格（缶飲料、ガム、のどあめなど）

その商品の価格が業界で慣習的に決まっているため、たとえ新しい商品でもその価格で当然と感じてもらう

段階価格（飲食物、化粧品など）

松・竹・梅、一般・中級・高級など、価格帯をあらかじめ分けておき、自分に合ったものを選べると感じてもらう

均一価格（100円ショップ、均一セールなど）

いろいろな商品を同じ価格にすることで、商品の価値に関係なく、全体に安いと感じてもらう

差別価格（劇場、ツアー旅行など）

S席料金で高級感を感じてもらったり、オフシーズン価格で割安感を感じてもらう

あっちゃー、そうでしたね。次からそうしま～す。なんかやっぱり子ども扱いな気もするけど、まあ、いろいろ教えてもらったし、良しとするか。

頼もしいねえ。頑張って、売れる価格を決めてね♥

第5章

結局、値段を決めるのは何なのですか?

値決めにはいろいろな要素が絡みますが、最も大切なのは「会社の方針」です。利益をどれぐらいにするかなど、会社の方針が決まらないと価格もあやふやなままです。

この章の登場人物

中村先生

ここまで解説を担当してきた経営コンサルタントの先生。長年、渡辺社長の相談に乗ってきたベテランである。改めて健康ハニーたくあんの値決めにアドバイスを求められ、山本くんも含めてレクチャーを始める。

渡辺社長

山本くんに値決めを任せたが、やはりプロのアドバイスも受けさせたほうがいいと考え、中村先生を招いて山本くんに引き合わせることにした。だがこれも、どうやら渡辺社長の筋書きだったようでも……。

山本くん

加藤店長の授業（?）のおかげで、いろいろな価格設定の方法がわかった。「利幅は会社の経営戦略次第」と言われ、会社に戻ったところで渡辺社長に中村先生を紹介されるのだが……。

1 値決めの方針は会社の方針です

そもそも価格設定の目的とは？

おお山本くん、いろいろご苦労だったな。加藤店長のところにも行ったんだって？　店長が「褒めてやってください」とオレに言ってきたよ。それでだな、こちらはキミも知ってると思うけど、経営コンサルタントの中村先生だ。

加藤店長には子ども扱いされましたけど……。勉強にはなりましたよ。あ……、営業の山本です。よろしくお願いします♪

山本くんですか、新入社員の頃に社員研修でお見かけしたかも……。何だか、初めて会った気がしませんね

キミは人当たりがいいからな（笑）。実は中村先生には定期的に会社の相談に乗ってもらってるんだ。今回も、健康ハニーたくあんの値決めにアドバイスをもらおうと思ってな。

まったく社長、もっと早く紹介してくださいよお。おかげでアチコチ走り回りました。先生、よろしくお願いします！　お聞きしたいこと、いっぱいです

でしょうねえ。工場や経理などにも行ったとか。いろいろ見て回ったのは決して無駄ではなかったと思いますよ。

そ、私もね、値決めにはいろんな要素が絡むことぐらいはわかってるんだよ。どうだ、勉強になっただろ。

あ、最初からそれが狙いですか。ずるいなあ

何を言うか。愛の鞭だと思えよ。

まあまあ、これは渡辺社長に一票ですね。

ようやく、山本くんに会うことができました。彼の気持ちもわかりますが、渡辺社長もそれなりに山本くんを見込んでのことでしょう。ですから、ずるくはないですね。ただ、もっと早く私に会えていれば、同じ駆け回るにしても、もっと効率よく行けたはずですね。わけもわからずにアチコチ聞いて回る苦労もなかったでしょう。

どうやら渡辺社長は、ＯＪＴ（オン・ザ・ジョブ・トレーニング＝仕事をしながら覚えさせること）の一環として値決めを山本くんに任せたふうでもあります。しかし日常の仕事と違って「値決め」は経営判断も要求されます。渡辺社長の意図はわからないでもありませんが、ここからは私も直接参加して値決めの仕上げにかかりたいと思います。

価格設定の「目的」を確かめる

それはさておき、価格の設定にさまざまな要素が絡むことは、これまでも見てきたとおりですが、ほかにも考慮しなければならない要素はたくさんあります。

たとえば、同じ新製品を出すのでも、目指すものが違う場合がありますね。その新製品で、一気に市場を押さえたいこともあれば、確実に利益をあげていきたい場合もあるはずです。
それによって、設定する価格は違ってきます（↓P177）。

またたとえば、価格設定が必要になるのは、渡辺食品のように新製品を開発したときだけではありません。従来の製品でも、新しい流通に乗せるときは新しい価格を検討しなければならないし、販売地域が変わるだけで価格設定を変えることもあります。

これから、そういったことをお話ししていこうと思います。

これで先生の紹介は済んだと。じゃ私は、健康ハニーたくあんの味決めがあるから……。

ちょ、ちょっと待ってくださいよ、社長！　ボクにも社長に聞きたいことが……。アチコチ回って、よけいに社長の考えとかも聞きたくなったし……

そうですよ社長。社長にはまだ、山本くんに伝えなければならないことがあります。山本くんを大きく育てようというつもりかもしれませんが、値決めを丸投げは荷が重い。ここは少しシビアになりましょう。彼も困るし私も困りますし。

わかりました。山本くんに任せるとは言っても、オレもいちおうは社長だからなぁ。それにしても、何か言い忘れたことがあったかな

社長が山本くんに伝えなければならないのは、価格設定の目的です。価格設定には、はっきりした目的がなければなりません。上限価格と下限価格の間に幅がある中で、具体的にこの価格と決めるのは、その価格設定の目的なのです。

そしてこればかりは、山本くんがひとりで決めていいことではありません。価格設定の目的から、価格設定全体の方針が決まってきます。いわば、会社の経営戦略そのものなのです。

そうか、加藤店長が、利幅は会社の経営戦略次第って言ってたのは、このことなんだ。値決めの目的は会社の方針そのものってことだな

価格設定の目的っていったって……どうやって決めるんです？

たとえば、価格設定の目的のひとつに「生き残り」というのがあります。

それは、数字にはあまり強くない私でも考えていますよ。だけどそのことが、価格設定と、どう関係するわけですか。なんとなくわからないでもないけど……

いろいろな目的があるのです！

「生き残り」は、世の中の不況や他社との価格競争、消費者の嗜好の変化といった原因で業績が低迷し、会社が苦境に陥《おちい》ったときに選択する価格設定の目的です。

これを目的に選んだ場合、価格設定は、とにかく固定費を含むコストを上回ることを唯一の条件にします（→P122）。コストを上回って、利益が出ている限りは、会社が倒産することはありませんからね。

ただし、生き残りを目的にした価格設定は、ごく短期的なものに過ぎません。無事、生き残りに成功したときには、別の正常な価格設定を検討することになります。

うーん今のところ、そこまで差し迫ってはいないな。もっとこう、フツーの価格設定でいいですよ。健康ハニーたくあんは品質に自信あるし。

どうも緊張感に欠けるなあ。値決めって、かなりややこしいですよ。原価だけで決まるものでもないし、マーケティングだけでもダメ。経営者の方針みたいなものがどんとあってスムーズに進む……と、ここまで駆け回って思ったことですけど。

それは正しい。では、「品質のリーダー」を目指すことを目的にしてはいかがでしょう。

業界で品質のリーダーになることを目的にした場合は、安売りなどしません。品質を維持するためにも、品質が良いというブランドイメージを守るためにも、それなりの価格を設定します。お客様には、その品質に納得して買っていただくのです。贅沢品とまでいかなくても高級な品を、お客様がギリギリ手の届く値段にする価格設定などが効果的です。

いや、そこまで高級感出さなくても……。ここは私も考えあぐねているんですけどね。たしかに品質に自信はあるけど、手の届かない価格にはしたくないんですねえ。

じゃあ、社長が考える健ハニの価格設定の目的って、いったい何なんですか!?

うーーん、改めてそう言われると、びしっとした目的はなあ……。開発に一生懸命で、正直そこまでは、あまり考えてなかった

でも、なんかあるはずですよ。（次項に続く）

2 「儲かればいい」わけでもない？

価格設定と経常利益をどう考えるか!?

あ、思い出した。健ハニの価格設定の目的は、そもそも、ドーンと利益をあげること……でした。

それって、最初に言ってたことじゃないですか。失礼ながら社長、ボクもいろいろ回ってきて、価格設定にはいろんな要素が絡むことがわかってきました

おお、頼もしいじゃないか。でもやっぱり何だかんだ言ってもだな、利益があがらないことには会社も存続しないだろ。これはまあ、経営者としての確固たる信念というものだよ。

まあまあ、信念は大事ですし、利益をあげることは重要ですが、それはある意味で当然のことです。問題はどのくらいの利益を、いつあげたいか、ですよ♪

たとえば生き残りを目的にした場合、利幅はさておいても、今すぐ利益をあげたいという

価格設定になりますね。

一方、品質を優先して業界のリーダーを目指す目的では、スタート直後は当面の利益をあまり重視する必要がありません。リーダーになった後の、安定した利益を期待する価格設定ということになるでしょう。

このように、**どれくらいの利益を、いつあげたいかで、価格設定の目的が決まります。**

たとえば、「今期の経常利益を最大にする」といった目的ですね。

「経常利益」は、わかりやすい尺度の目的です。経営者や、株主などの外部関係者はこれを重視するので（↓P54）、今期とか、この先3期の最大経常利益を目的にすると、周囲の納得を得やすいというメリットもあります。

最大経常利益を価格設定の目的にした場合は、固定費も含めたコストを試算し、価格と需要の関係をリサーチして、経常利益が最大になるような価格のポイントを探ることになるでしょう。経常利益の代わりに、投資収益率（↓P134）を最大にする価格のポイントを設定することもできます。

それ、わかりやすくっていいですね。目的がはっきりしていると、営業も動きやすいってもん

です。

経常利益ベースのコストなんて計算できるのか？　経理の話じゃ……？

できますよ。経理はできないって言うでしょうけど、方法はあります！　これ、加藤店長の受け売りですけど……。

経常利益ベースのコストを試算すれば、各価格帯での経常利益が計算できます。その一方で需要曲線をつくれば、各価格帯での需要が推計できます。これらは、ここまで説明したとおりです。2つを掛ければ、各価格帯の経常利益が試算できるので、経常利益が最大になるであろう価格のポイントを見つけることができます。

ボクも知らなかったんですけど、需要曲線というのがあってですね……ってこれは小林次長の受け売りですけど。要するに価格と需要の関係性みたいなもので、こいつがけっこう大事みたいですよ。

ほー、ますます頼もしいじゃないか。たしかに、値段と売行きは密接な関係があるよなあ。

そういうことです。で、まあそれはひとまずおいといて、社長どうです？　最大経常利益を目的に設定するのは……。

うーん、なんかちょっと違うんだよな。そういう目前の利益とかじゃなくて、健八二はもっとこう長期的に……

社長にそう言っていただいて、少し安心しました。**最大経常利益を価格設定の目的にするのは、わかりやすいし、ある程度合理的な数値を計算することもできます。しかし、現在や直近の業績を重視し過ぎると、長い目で見て逆に、業績を落とす結果につながりがち**です。

事前の予測と実際の需要が違った場合には別の対応を迫られますし、競合他社が、追随する新製品や値下げなどで反応してくると、そもそも事前の予測自体が大きく狂うことにもなります。利益は、会社が事業を行なう究極の目的ですが、価格設定の目的としては他の要素も考慮する必要があるということですね。

利益をあげて儲けたいのはやまやまだけど、いま儲かればいいってわけでもないんだよな。

利益のほかに、目的に設定できることなんてあるんですかねえ？

ありますよ。じゃあ、ちょっと視点を変えてみましょうか？

3 とにかく「最低価格」を付ける方法

安値で市場を広げるのが「市場浸透価格設定」です

同じ利益をあげるのでも、今の小さい利益じゃなくて、将来、大きい利益をあげようって考え方もできますよね♪

そりゃあ、そうだが、ウチは大企業じゃないから資金繰りもラクじゃない。目先の利益ばかり追うのも私の信念に反するけど、その目先の利益が必要なこともある……。どうすればいいですかねえ。

それには、圧倒的な市場シェアを押さえることです。そうすれば売上げも伸びるし、大量生産でコストも下がる。お客様のブランドイメージも高くなるから、販促にかけるお金も少なくて済む。利益は勝手についてくる、ってことです

つまり、市場シェアを最大にすることを価格設定の目的にするわけです。そのためには、考えられる限り最低の価格を設定します。最低価格を武器として、早い時期に一気に市場を

席巻してしまおうというのです。
最大市場シェアを目的にする、この価格設定を「市場浸透価格設定」と言います。

それいいですね。最低の価格なら、営業もよけいなこと考えずにガンガン売りまくればいい。

ただし、この価格設定を採るには、市場が価格に敏感でないとダメです。

そりゃあそうだよな。価格にあまり強く反応しない人も、けっこういる。。。。。。

そういうことです。ですから市場浸透価格設定が効果的なのは、需要が価格に敏感に反応する場合です。要するに薄利多売の戦略なので、大きな需要がある市場ほど効果があります。

また、低価格を付けることで市場の規模が成長すること、大量生産でコストが下がる製品であること、競合他社が低価格に追随できないこと、なども条件です。

社長は「価格弾力性」って、ご存じですか。

聞いたことはあるなあ。なんだ、そこまで勉強したのか。

まあ責任もありますしね。……とにかく、価格に敏感なのを「価格弾力性」って言うんです。

価格に敏感に反応する商品と、そうでない商品はあるよなあ。

市場浸透価格設定では、当初は薄い利益か、悪くすると赤字になります。でも市場シェアを確保しておけば、あとあと時間をかけて充分な利益を取り戻せますよ。

4 高い値段を付けて儲ける方法もある

「上澄み吸収価格設定」は、高価格で勝負する

シェアを取れるのはいいけど、最初は赤字かもしれないってのは、どうも抵抗があるし、ちょっと怖いですね。

経営者は、当初から利益があがるほうを好みますからね。当然のお気持ちでしょう。では逆に、最初から高い価格を付けますか。

最初から高い価格を設定する方法は、ちょっと変わった名前ですが「上澄み吸収価格設定」と言います。他社が入ってくる前に、最初から利益をあげる――いちばんオイシイところを吸収するという意味です。

上澄み吸収価格設定は、製品に特長があって他社と差別化できる場合に効果的です。

それなら大丈夫。何しろ健ハニは、和漢の生薬をふんだんに……。

社長それ、パッケージに刷り込んだらダメですよ。薬事法違反になるそうです！

えっ!? そ、そうなのか

そうですね、薬をあらわす言葉はダメですね。ちなみに、「健康維持」はいいですけど、「健康増進」もダメです。

それはともかくとして、上澄み吸収価格設定は、高い価格でも充分な需要がある場合、少量生産でもコストが高くならない場合、初期投資が必要で他社が参入しにくい場合、高い製品＝良い製品というイメージがある場合などに効果的です。

これらの条件にあてはまらないときは、真逆の「市場浸透価格設定」のほうが効果を発揮するわけですね。

でも健ハニが売れたら、いずれは他社も同じような製品を出してきますよ。ウチより安い価格で出してきたら、どうするんです?

そのときは、価格を下げればよいのです

上澄み吸収価格設定では、他社の参入などで売行きが落ちてきたら、徐々に価格を下げる――という値下げで対応します。

最初から利益をあげているので、その頃には初期投資なども回収できているはず。他社の参入に対抗して値下げをしても、充分な利益が得られるはずです。もし他社よりも低く値下げできれば、売行きの面でも他社を圧倒できますね。

さてこれで、5つの価格設定目的を紹介しました。こういう話になると思ったので、資料を用意しておきましたよ（左図）。

で、社長。どの価格設定目的を選ぶんですか？　それによって価格設定が……。

うーむ。ちょっと待ってくれ。健ハニの価格設定の目的はオレだけでは決められないような気もしてきた……後でみんなと相談して決める！

ですね。製造の立場、営業の立場、財務の立場、いろいろな立場の意見を聞いて決めるのが良いでしょう。本当は、最初からそうしておけば、価格設定はもっとスムーズに進んだはずです。それではこのお話のまとめ、価格設定の正しい手順の説明をしましょうか。

こうすれば、正しい「値決め」ができます――という手順です。

138 「価格設定の目的」を決めよう！

生き残り

とにかくコストを上回る価格で利益をあげる

最大経常利益

経常利益が最大になる価格を探る

最大市場シェア **市場浸透価格設定**

最低価格で早期に市場のシェアを押さえる

最大上澄み吸収 **上澄み吸収価格設定**

最初から高い価格で利益を確保する

品質のリーダー **を目指す**

高い品質で高い価格を付ける

5 こうすれば正しい「値決め」ができますよ！

これが、価格設定の正しい手順です

こちらも資料を用意しておきましたよ。これが正しい価格設定の手順です（左図参照）。最初に、価格設定の目的を決めるわけですね。社長の場合はどうしました？

しっかりした目的なんて考えなかったな。一応、山本くんに希望は伝えたけど。

そうそう、末尾は8にしろなんてね 8

たしかにそうですが、それだけでもいけません。

結局のところ、最終的に価格を決めるのはこの、価格設定の目的だと言っていいのです。

そこで、目的を定めたら次には、需要とコストの関係を調べます。これで、価格の上限と、価格弾力性などがわかりますね。本書では第3章でお話しした内容です。

原価も含めて、コストのことを調べるのはそれからでよいのです。

そうか、コストについて調べるのは、もっと後でよかったんだ

138 これが「正しい値決め」の手順！

① **価格設定の目的** を決める

↓

② **価格と需要** の関係を調べる

↓

③ **原価とコスト** を調べる

↓

④ **競合他社の価格** を調べる

↓

⑤ **価格設定の方法** を決める

↓

⑥ **価格** を決める

そうそう、社長室から、いきなり経理部に行ったんだってな。

最初に小林次長のところに行ったほうがよかったかもしれないですね。でも経理でコストと原価の違いなんかを聞いておいたおかげで、逆に勉強にはなったわけだし……。それにしても、最初から先生を紹介してもらっていればよかったのに……

まあ、そこはオレなりの考えもあってな。ふふふ

なんか含みのある言い方だなあ。

含みのある言い方をしているんだよ。

要するにね、社長は山本くんに勉強させたかったんですよ。でもそれを最初から言うと、腰が引けるでしょ。私は社長と付き合いも長いし、なんとなくわかりますよ

うーん、喜んでいいのかなあ。たしかにおかげでコストやマーケティングのこともわかってきたし……。

原価を含むコストがわかると、価格の下限が決まります。生産量が増減した場合のコストと、利益の増減なんかもわかりますね。本書では第1章、第2章の内容です。

さらに、競合他社の価格を調べると、価格を調整する必要がわかります。これは第3章で触れました。

この「価格設定の方法」ってのは……？

あ、それは加藤店長から、社内研修資料のコピーをもらいました（左図）。

138 「価格設定の方法」を選ぼう！

マークアップ価格設定

コストに利幅を乗せて決める

ターゲット・リターン価格設定

目標とする投資収益率を生むように決める

知覚価値価格設定

お客様が感じている商品の価値から決める

バリュー価格設定

高い品質の商品に低い価格を付ける

現行レート価格設定

競合他社の価格を基準にして決める

オークション型価格設定

（説明省略）

第4章の内容ですね。いちばん良いと思う価格設定の方法を選んでください。これで最後に、価格を設定する——値決めができるわけです。

なるほど。最初からこうすればよかったんだ

で、社長。値決めはどうしますか？

うーん、山本くんの資料やデータは、いったん横に置いておいて、最初からやり直すしかないな。価格設定の目的を決めるところから。

それがいいですね。目的の選択や、需要とコストの関係などは営業が力になってくれるし、原価とコストは原価計算係と経理が数字を出してくれるでしょう。これからは、スムーズに進むと思いますよ。では私たちは、決めた価格をどう変えるかという話に進みましょう。

えっ!?　いったん決めた値段を変えてもいいの⁉

いいのです。それは第6章で詳しく説明しましょう。

第6章

いったん決めた値段を変えてもいいの?

「価格」というものは、時と場合によっては柔軟に変動させなければなりません。しかし値上げや値下げは、安直にすると大きな不利益につながります。では、どうすれば?

この章の登場人物

中村先生

前章では価格設定の目的と、正しい価格設定の手順を渡辺社長と山本くんに指南。続いて、いったん決めた価格を変える話をするというが、はたしてその内容とは？

渡辺社長

経営判断が値決めの最初に来るべきだとの中村先生の意見を聞いて、健康ハニーたくあんの値決めは、山本くんの意見をいったん横に置いて、やり直すことにした。また、価格を変える話はおもしろそうなので一緒に聞くことに。

山本くん

中村先生のおかげでようやく、正しい価格設定の手順を知った。続いて、渡辺社長とともに価格を変える話を聞くのだが……。

1 価格を変えることを「価格適合」って言うんです

地理的価格設定などについても知っておく

さて、第5章からの続きです。

いったん決めた値段を変えてもいいという……。

もちろんです。さっきだって、値下げをする話をしたじゃないですか♥

あっ、そうか。値下げや、それに値上げをしなきゃいけないときがあるなあ。

そういうふうに価格を変えることを「価格適合」って言うんですよ。

コトラー先生の『マーケティング・マネジメント』の本では、いろいろな理由で価格を変えることを「価格適合」と呼んでいます。価格を変えるというより、さまざまな条件に適合する複数の価格を設定する、という考え方です。

価格適合には、値下げ・値上げのほかに、割引きやリベート、それにセールやセットの場合の価格設定などがあります。この章で、順番に説明していくことにしましょう。

輸出企業では、輸送コストの問題などで、国によって価格を変えることもありますよ。

私は若い頃から登山が好きなんだが、山小屋では普通の缶飲料が平地の自販機の倍くらいしたりする。あれも、輸送コストの問題なんだろうな。

そうでしょうね。人が背負ったり、ヘリコプターで運んだりするんでしょうから。そういうのを「地理的価格設定」と言います

地理的価格設定では、高い輸送コストをまかなうために、通常より高い価格を設定したりします。ただし、輸送コストを上乗せしたほうがいい場合ばかりとは限りません。売り手の側が負担したほうがいい場合もあります。

コストの一部を売り手が負担すると、価格感受性が弱くなって、それだけ売行きに結びつく可能性が高くなるからです（↓P110）。

2 「割引き」の方法もいろいろです

現金割引き、数量割引きなどがある……

さて、代表的な価格適合と言うと「価格割引き」です。割引きの方法もいろいろありますが……これは山本くんの得意分野ですね。山本くん、社長に説明してくれますか。

喜んで！　社長、ウチでよくするのは「現金割引き」と「数量割引き」です。現金割引きは現金払いのお客様に、数量割引きは大量仕入れをしてくれたお客様にします。

ふむふむ……って、それぐらいはオレでも知ってるよ

現金割引きは、現金払いのお客様の価格を通常より下げて安くするものです。現金払いだと、手形払いの場合の割引料や、入金までの金利負担がなくなるので、その分をお客様に還元するという意味もあります。**会社としては、現金払いで代金回収をすることによって、資金繰りが良くなるのがメリット**です。

もうひとつの数量割引きは、大量購入してくれたお客様の価格を割り引くものです。売り手としては、大量販売ができると人件費などのコストが浮くので、それを還元するという意味があります。

ただし、数量割引きの価格を浮くコスト以上に低く設定してしまうと、かえって利益を減らすことになるので注意が必要です。

小売り段階でも、飲料などを「箱買い」すると1本当たりの単価が下がりますが、これも数量割引きと言えますね。

ほかに「季節割引き」というものもありますよ。渡辺食品ではやっていませんが。

あ、それいいですね！　ウチでもやりましょう、社長♪

無理だ。季節はずれだと、かえって材料の野菜が高くなる。

そっかー、ウチは漬け物がメイン商品だからなぁ

季節割引きは、ホテルとか、航空会社なんかが代表的ですね。

季節割引きは、オフシーズンに、商品やサービスを購入してくれたお客様に対して行ない

ます。オフシーズンだと、ホテルの客室や飛行機の座席は空きがちになるので、空けておくよりは割引きしても売ったほうが利益があがるという考えです。宿泊や交通のほか、エアコンの取付けや引越しなど、サービスの分野で多く取り入れられています。

価格割引きについても資料を用意しておきましたよ。はい、これ（次ページ図）。

ふーん、割引きの方法って意外に少ないもんですね。

ほかには……「下取り」なども、セールやキャンペーンでするのでなければ、割引きと言えるでしょうね。

要するにこういった値引きも合わせて考えるのが「値決め」だと……。

そういうことです

自動車などでは、新しい商品を購入するときに、それまで使っていた商品を買い取ってくれます。買い取った商品は中古車などとして販売できるので、その分を割引きしていると言えるでしょう。

ただし、期間を限ったセール、キャンペーンでの下取りや、リサイクルできない商品の下取りは、売り手の側が処分のコストを負担しているだけです。割引きというよりは、販売促進の方法のひとつといえます（↓P201）。

138 主な「価格割引き」の方法は3つ

現金割引き

現金払いのお客様の価格を割り引く

数量割引き

大量購入のお客様の価格を割り引く

季節割引き

オフシーズンのお客様の価格を割り引く

3 値下げしないで割引きする方法

☞リベートとキャッシュバックも広い意味では割引き

次は「リベート」の話なんですが……これも山本くんの守備範囲ですねぇ。

もちろんですとも！　ウチでは販売奨励金と呼んでいます

リベートは、「売上割戻（わりもどし）金」や「販売奨励金」、「報奨金」などの名称で、取引額に応じた一定の額を流通業者に支払うものです。取引高に応じて、利幅の一部を流通業者に戻すという働きがあります。

リベートの額は取引が多いほど高くなるので、流通業者としては、よりたくさん売ろうとします。つまりメーカー側から見ると、販売促進のための方法のひとつなのですが、割引きと同じく、実質的に価格を下げる——価格調整の方法にもなります。**要するに、値下げをしないで割引きができる方法**なのです。リベートを受け取った流通業者は、売上原価からリベートを差し引く計算をするので、実質的に価格が下がったことになります。
反対にリベートを支払った側は、売上げから差し引く計算をしなければならないので、実質的に価格を下げたことになるわけです。

割引きとの違いは、実質的に下げるだけで元の価格は下げないこと。また、割引きは取引の時点で価格を下げるのに対し、リベートは半年とか1年の期間の後で支払うという違いもあります。

リベートって言うと、何だかイメージ悪いねえ。だからウチでは、販売奨励金と呼んでいるんだが……。

そうですよね、ボクも取引先でしょうがなく使うことはありますが、なるべく「リベート」と言わないようにしています。

たしかに、一般の会話でリベートと言うと、ワイロなどの悪いイメージを持つことがありますが、ビジネス上のリベートに違法性はありません。

財務会計のうえでも、支払った場合は「売上割戻」、受け取った場合は「仕入割戻」として、きちんと経理処理される科目です。

リベートという用語を使いたくないときは、「キックバック」と言うこともあります。

リベートは流通段階の価格調整の方法ですが、これを小売りの段階で行なうと「キャッシュバック」になりますね。

そういえばボクもこの間、スマホの乗換えでキャッシュバックもらったんだった

でもいま、何かと取りざたされてるよな、そのやり方。もっとも、オレはガラケーだから関係ないが。

キャッシュバックは、リベートとけっこう関係が深いんですよ

キャッシュバックは、ご存じのように、商品やサービスを購入すると代金の一部を現金で戻してくれるものです。

つまり、小売り段階の販売促進方法のひとつですが、リベートと同じく、元の価格は下げずに実質的に価格を下げることができます。小売り段階の価格調整方法としても使われるわけですね。

ちなみに、スマートフォンのキャッシュバックは、携帯各社が販売店に支払う販売奨励金などが原資になっていると言われています。

要するに、携帯電話番号ポータビリティ（ＭＮＰ）を使った乗換えなどに、携帯各社は高額の販売奨励金を支払い、販売店はそのうちの一部をキャッシュバックとして顧客に支払う、という構図です。

総務省が行き過ぎたキャッシュバックなどを問題視して、匿名の情報提供窓口を設けるなど、このリベートとキャッシュバックの良くない関係を絶とうとしています。これは先ほど渡辺社長の言ったとおりです。

4 「目玉商品」やセールのときの値決めは?

「販促型価格設定」は〝攻め〟の値決め

今度は、セールやキャンペーンの価格設定について考えてみましょうか。

お、いいですね。健ハニの新発売キャンペーンとか、やりたいと思ってるんです。やっぱり、価格を下げるんですか？

新発売で値下げするわけにはいかんだろうが。なに考えてんだ。

セールやキャンペーンのときには、よく「目玉商品」が用意されるものです。この目玉商品を英語で「ロスリーダー」と言います。

目玉商品は採算度外視の価格にするので損失（ロス）を出すこともありますが、他の商品の先頭に立ってお客を集めるといった意味です。これが「ロスリーダー価格設定」。

ロスリーダー価格設定では、目玉商品目当てに来たお客様が、他の商品も併せて買ってくれることを前提にしています。ロスリーダーの商品だけでは赤字かもしれませんが、他の商品も買ってもらえれば、赤字は埋められます。

目玉商品の赤字以上に、全体の販売量が増えれば利益になるという計算です。

ロスリーダーとする商品は、価格弾力性が強く、単価が安くて大量販売しやすいものが適しているとされます。

採算度外視は、避けたいなぁ。

どうしてですか？　赤字は、販売店がもってくれるんでしょ？

いやいや、メーカーとしては自社商品がロスリーダーになるのは避けたいところですよ。

ある商品がロスリーダーになると、お客様はその価格を覚えてしまいます。となると、安いときに買えばいいと考えて、ふだんの価格では買ってもらえなくなる恐れがあります。販売店はそれでもいいでしょうが、メーカーとしては困りますね。

販売店がどうしてもということであれば、健康ハニーたくあんでない、普通のたくあんを目玉商品として提供するなど、対策が必要です。

目玉商品じゃなくて、普通のセールで、少し安くするくらいならいいんじゃないですか？　味を知ってもらえば、ふだんのときも買ってもらえるかも

販売店は、よりたくさんのお客を集めるために、季節や行事に合わせてセールやキャンペーンを行なうものです。そうしたときは、目玉商品とまで行かなくても「特別価格」の商品がいくつも並びます。たとえば、秋の行楽シーズンに合わせた食品のセールで、健康ハニーたくあんが通常より少し安い特別価格で販売されるのはいいかもしれませんね

こうした価格は、「特別催事価格設定」と言います。

目玉商品やセールの価格――ロスリーダー価格設定や特別催事価格設定は、お客様に購入を促す「販促型価格設定」と呼ばれるものです。

これも資料を用意しましたよ（次ページ図参照）。ほかの販促型価格設定は、価格を下げずに、実質的に価格を下げるのと同じにするものですが。

あっ、キャッシュバックも入ってる。キャッシュバックがもともと、販促方法だっていうのはこのことだったのか（↓P199）

138 「販促」に役立つ価格設定ってこれか！

ロスリーダー価格設定

採算度外視の目玉商品で全体の利益をあげる

特別催事価格設定

セールの特別価格などで全体の利益をあげる

キャッシュバック

値段を下げずに実質的な割引きをする

低金利のリース

値段を下げずに実質的な低金利融資をする

長期のローン

値段を下げずに月々の支払額を少なくする

保証・サービス

値段を下げずに無料の保証やサービスを付ける

5 「学割り」や「早割り」で値段を変える

「差別型価格設定」を柔軟に使おう

要するに、価格はいつでもどこでも同じじゃなきゃいけない、って固定観念を捨てることですね。時と場所と場合に応じて、価格は柔軟に変えていいんですよ。

そんなことしたら、お客様の信用、なくさないですか？

コーラの価格が自販機で買うときと、ハンバーガー屋さんで頼んだときで違っても、みんな当たり前だと思ってるでしょ？　価格については、差別も納得してもらえるものなんです。

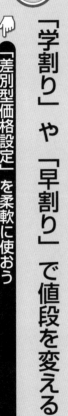

お客様や、場所、時間などの違いで価格を変えることを「差別型価格設定」と言います。どんな業種のどの製品にも当てはまるとは限りませんが、価格設定の基本です。

たとえば、ある映画館では、一般の基本料金は１８００円ですが、大学生は学割で１５００円。60歳以上のシニアは１１００円、小中高校生、障害者の方は、なんと１０００円です

（2016年現在）。これは、お客様によって価格を変えている例でしょう。

重要なのは、こうした価格の差がコストの差によるものではないということです。映画館でも、一般のお客様と、小中学生やシニアのお客様と、映画鑑賞してもらうコストが変わるわけではありませんよね。

それでも、小中学生やシニアの料金が低いことは一般のお客様にも納得してもらえます。お客様や製品の形態、イメージ、流通、場所などで、価格は変わっていいのです。

そういえば、航空券なんかは「早割り」でずいぶん安くなりますねぇ。

航空券の価格は、買う時期などによってものすごく差があります。実際、たとえば羽田と博多の間の価格はいくらかと聞かれても、答えられない

航空券は、購入する時期によって価格を変えている例です。早い時期の購入だと、制限付きですが「早割り」などで割安の価格になりますね。購入が遅めだと割高になりますが、もっと遅くなって期限切れ直前でも売れ残っていると、最安の価格になるものです。

このような価格の設定方法は、とくに「**優先的価格設定**」と言います。

6 「抱合せ」や「とりこ」にして値段を変える

「製品ミックスの価格設定」とは？

大多数の会社は、たった1種類の製品を扱っているわけではありません。何種類か何十種類、大企業になると何百、何千種類の製品を作ったり売ったりしていることでしょう。

当然、**製品を組み合わせてセットで販売するケースも出てきます。これを「製品ミックス」と言います。**

製品ミックスの価格設定は、むずかしいものです。需要も、コストも違う製品の組み合わせですから、単純に合計すればいいことにはなりません。その製品ミックスで、利益が最大になる価格を見つけなければならないのです。

ウチでも、福神漬け・らっきょう漬けセットを販売してます。夕食がカレーのお宅向けです。

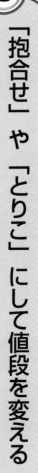

スーパーKATOHじゃ、ときどき、それとカレールウを並べて、よりどりウン百円ってセールをしてます。

それは、「製品バンドル」という製品ミックスのひとつですね。製品バンドルは、メーカーが自社製品を組み合わせる場合と、販売の段階で別々の会社の製品を組み合わせる場合があります。

おなじみのテレビ通販で、「今なら○○が付いて……」とやっているのがそれです。この場合、お客様がちょうど○○も欲しかったというケースは少ないので、抱合せ販売では、買ってもいいと思える程度に低い価格設定をしなければなりません。

ただし度が過ぎると独占禁止法の「不公正な取引方法」に該当するケースもあり、注意は必要です。

スーパーKATOHさんのように、よりどり自由にという場合は、欲しいものが選べるのでそれほど低くする必要はないですよね。うまい製品ミックスだなぁ

さすがに加藤店長だなぁ。山本くんも見習って、ウチのいい製品ミックスを考えろよ

考えたくても、商品の大半が漬け物だからなぁ……。

それでも何とか道はあると思いますよ。今度の新商品もあるし……。

そうだよ、健八二をうまく使う方法を考えてくれ

わかりましたよ。でもその前に価格を……。

そうですね。それと、これは渡辺食品にはあてはまらないんですが、もうひとつ、代表的な製品ミックスに「キャプティブ製品」というものがあります。キャプティブとは、とりこ、人質といった意味で、プリンターや安全カミソリなどが代表的な製品です

たとえばプリンターは、本体を購入した後に専用のインク・カートリッジを購入してもらえます。それも1回や2回でなく、プリンター本体を使い続ける限り長い期間、購入を続けてもらえるわけです。

いわば、プリンター本体を人質にして、インク・カートリッジを買ってもらっている状態ですね。この場合、プリンター・メーカーとしてはインク・カートリッジの利益が見込めるので、本体の価格はより購入しやすい、低い価格にできます。

このような価格を「キャプティブ製品の価格設定」と言います。

いいなあ、いったん本体を売れば、後は自動的に買い続けてもらえるのか。社長、ウチも何かキャプティブ製品をつくってくださいよ。

そうだな。って、さすがに漬け物じゃ無理だろう

あはは、そうですね。さらにもうひとつ、これも漬け物では無理かと思いますが……。

製品ミックスには「2段階価格設定」というものもあります。

ある程度、固定の基本料金と、利用した量に応じて増える利用料金の、2段階の価格を設定するもので、携帯電話などでもおなじみのものです。

2段階価格設定も、基本料金と利用料金をどう設定するか、むずかしい選択になります。

基本料金は、加入してもらいやすくするために、できるだけ低く設定したいもの。しかしそうすると、利益は利用料金のほうからあげるしかなくなります。

とは言え、あまりに利用料金が高いと、加入をためらう人が増えるでしょう。基本料金と利用料金と会社の利益の、いちばんいいバランスを見つけるのが、むずかしいのです。

そのため、携帯電話の料金では、通話料やパケット代などにも段階を設け、利用料金の価格も段階的に上がるようにするなどの工夫をしています。

7 どんなときに「値下げ」したらいいですか？

値下げのリスクも考えておこう

このように価格を変える――条件に合うように価格を設定する方法がいろいろありますが、いいよとなったら値下げ、値上げを検討しなくてはなりません。

値下げ、値上げ……どっちも考えたくないねえ。

そうですか？ 値上げはともかく、値下げはいいじゃないですか。買いやすくなって、ガンガン売れますよ

そうです。山本くんの意見がまさに、値下げをする第1の理由なんですね

会社が値下げをする理由はいくつかありますが、第1の理由は市場シェアを上げることです。新製品で、最初から最大市場シェアを狙った場合に、市場浸透価格設定（↓P177）の戦略をとりますね。それと同じことを、値下げによってしまうということです。

この場合も、市場浸透価格設定と同じで、値下げ当初は赤字になるかもしれません。しかし、市場シェアが上がって販売量が増えれば、売上げは伸び、大量生産でコストは下がるので、利益を取り戻すことも期待できるでしょう。

**ですよね。だから、どんどん値下げしたほうがいいんですよ。**

**そうは言っても値下げをすると、お客様が良くない製品だと思わないか？**

**そのとおり！　渡辺社長の意見が、値下げをする際の最大のリスクなんです！**

値下げにともなうリスクもいくつかありますが、最大のものは、消費者に製品の品質が低いイメージを植えつけることです。**値下げをするくらいだから、売れていないのだろう、品質が良くないからだろう、と思われてしまう**わけですね。

消費者は、製品の値下げを知るといろいろな推測をするものですが、その多くは良くない方向の推測です。

新製品が出るから旧製品を売りさばいているのではないか、製品に欠陥があって価格を下げたのではないか、会社が経営難になってたたき売りをしている、もっと下がるのではないか……値下げをした製品は、こうした疑いの目で見られてしまうのです。

そうだよ、値下げなんていいことひとつもないよ。

そうかなあ？　たくさん売れてれば、いい製品だって思ってくれないかなあ。。。。。。

それがそうではないんですね。市場浸透価格設定では……。

市場浸透価格設定の場合は、最初から低価格を付けているので、最大市場シェアを取るとブランドイメージは良くなります。しかし値下げの場合、市場シェアは上げられるかもしれませんが、途中から価格を下げているのでブランドイメージは良くなりません。ですから競合他社がより低い価格に値下げすると、消費者は簡単に乗り換えます。

つまり**値下げは、安売り競争の引き金になることもある**のです。価格協定などは絶対にできないので（↓P156）、いったん始まった安売り競争はなかなか、終わらせることができません。その場合、財務体質の面で強い会社のほうが、それだけ長く持ちこたえることでしょう。値下げをする場合は、安売り競争に陥《おちい》る覚悟で、財務体質の面の不安も取り除いておく必要があります。

値下げには、いいこと1個もないってこと？

それでも、値下げをしたほうがいい場合はありますよ。

どんなときは、値下げをしたほうがいいですか

値下げをしたほうがいい第1のケースは、最初に言った市場シェアをどうしても取りたい場合です。先ほど説明したリスクは、あくまでもリスクですから、そうなるとは限りません。できるだけ、そうならないよう、いろいろな手を打ってチャレンジしてみることはできるでしょう。

第2のケースは、過剰生産の状態になって大量の在庫を抱えてしまった場合です。これは売ることでしか解消できないので、値下げのリスクを負っても売ることを考えたほうがいいです。同様に、ライフサイクルが成熟期に入って値崩れを起こした製品、衰退期に入って在庫をさばいてしまいたい製品も、値下げを検討すべきでしょう。その場合はオープン価格にすると、たたき売りのイメージが防げますね（↓P152）。

8 うまい「値上げ」の方法、ありますか？

値上げの注意点あれこれ

次は値上げの話ですか？　営業としては値上げはイヤですねえ。この前、野菜の値段が上がって値上げしたときも、お得意さんを回って謝るのがたいへんだった……

それが営業の仕事じゃないか。

どうして、値上げなんてしなきゃいけないんですかね？

それは、いま山本くんが言ったとおりですよ

値上げのほとんどは、材料費や人件費などのコストが上昇したときに行なわれます。

会社はコストの削減に努めているものですが、それを超えてコストが上昇すると利益を圧迫します。ひどいときには、コストの上昇分で利益がとんでしまうことだってある。

そうしたときには、やむを得ず値上げに踏み切るのです。

もし値上げがうまくいって、販売量が変わらなければ、その分はまるまる利益が回復します。しかし一般的には、価格が高いほど需要は少なくなるので、価格が上がった分、販売数量は減るものです。

値上げをしたから、その分の利益が回復するとは限らないわけです。

そうでしょ？　だから値上げなんてするもんじゃないですよ

コストが上がったら、値上げするしかないだろう。

いやいや、なかには、そうじゃない、ある意味で良い値上げもありますよ。

良い値上げですか？

たとえば、新製品が好評で注文が殺到し、とても生産が追いつかないという場合に値上げをすることがあります。一般的には、価格が高くなるほど需要は少なくなるはずなので、値上げを需要の調整に使うわけです。
　一般の消費者向けの製品ではあまり見かけませんが、企業間取引などではときどきあります。ただし、あからさまな値上げではなく、無料サービスだったものを有料にするなど、実質的に値上げするものがほとんどです。

なるほど。うれしい悲鳴ってやつだな。一度はそういう経験をしてみたいもんだ♪

それでも値上げした以上は、営業は謝りに回らなきゃならないですよ。なんか、うまい値上げの方法ってないもんですかね？　ボクが謝りに回らなくていいような。

さすがに、そんなうまい話はないでしょう(笑)。でも、ちょっと工夫の余地はあるかな？

　たとえば、きちんと価格の調整を行なう会社では、今後の材料費の値上がりなども予測して、コストの上昇分以上に値上げすることがあります。今後の値上がりによって、再度、値上げしなければならない事態を避けるためです。
　これは「予測価格設定」と言います。

なるほど！　2回謝らなきゃいけないところが、1回で済むわけですね。社長、今度値上げす

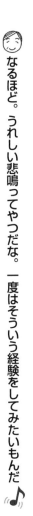

るときはこの方法でやりましょう

その代わり、値上げ幅は大きくなるぞ。その分、お得意さんにこっぴどく怒られる。

そういうときは逆に、少しずつ値上げすることもできますよ。

少しずつ……ですか？

値上げをする場合には、一度に大幅に値上げするか、何回かに分けて小幅に値上げするか、選ばなければなりません。一般的には、小幅の値上げのほうが受け入れられやすいので、何回かに分けることが多いようです。

小幅の値上げなら、かるーい感じで謝れば済みますね。そのほうがいいかも。

その代わり、次の値上げのときに「またか！」ってイヤーな顔されるかもな。

社長は人が悪いなー。でも、一度にこっぴどく怒られるか、何度もイヤな顔されるか……悩ましい選択ですねえ

いずれにしても大切なのは、やむを得ない値上げと理解してもらうことですよ。きちんと説明して、不当な値上げと思われないようにすることがいちばん大事です

9

もしもライバルが「値下げ」「値上げ」したら……

他社の価格変更への対処は？

ライバル社が値下げしてきたら……

自社の値下げ、値上げだけじゃなく、競合他社が値下げや値上げした場合の対応も考えておく必要がありますね。

他社が値下げしたら即、ウチも対抗して値下げ！　でも、値上げしたんなら放っておいていいんじゃないですか？

他社の値上げは放っておいていいと思うが、値下げしたらウチも即値下げってのはなぁ……。

そう言うだろうと思ってましたが、おふた方とも不正解。他社の値上げにも対応しなきゃいけませんよ。でも、まずは値下げの対応から考えてみましょう☆

競合他社が値下げした場合、自社と他社の関係で対応を変えなければいけません。

値下げした他社の市場シェアが、自社と同程度か自社より上の場合は、まず他社製品との違いをチェックしてみることです。もし、自社の製品がよそにない特長を持っているなら、その分を他社の価格に上乗せして考えられますからね（↓P122）。

もし違いがないときは、山本くんの言うように即、値下げに同調するしかありません。

市場シェアがウチより下の競合他社も、けっこうあるが……

その場合は、対応を決める前にすることがあります。

値下げや値上げの影響を考えることだな、たぶん。

さすが経営者ですねえ、ツボは押さえている

市場で自社が優位に立っている場合は、まず、他社の値下げの理由や影響を調べることです。市場シェアの拡大が目的か、過剰生産で在庫を抱えたのか、自社の市場シェアや売上げにどれくらい影響しそうか、といったことですね。

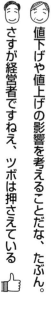

そのうえで、いくつかの選択肢があります。

他社が在庫を抱えて安売りに走っているなら、それは他社の失敗ですから、こちらは価格を維持してもいいでしょう。

しかし、他社が市場シェアの拡大を狙っていて、こちらの市場シェアに影響がありそうなときは、対応の必要があります。

ボクなら、即、値下げします！

そう急いではいけません。ほかに手がないときはそうしますが、まずは価格を維持することを考えましょう

だよな、価格はあまりくるくる変わるもんじゃない。

そういうことです

他社の値下げに対して価格を維持するときは、別の付加価値を付ける方法があります。たとえば先ほどお話ししたリベートを付けるとか、製品バンドルでお得感を出すとかですね。

さらに、同じ値段で対抗するにしても、値下げするだけが方法ではありません。たとえば、現行製品とは別に低価格帯の商品を開発して、他社製品にぶつける方法があります。

ライバル社が値上げしてきたときには……

次に他社の値上げに対する対応ですが、これもまず理由や影響を調べてみることが必要です。

値上げすると需要が少なくなるから、他社の売上げが減るだけなんじゃ……。

そうとも限りません。極端な場合、その製品は品質が良くて、売れているから値上げしたんだ、と受け取られることもあるんです

そ、それは困る……

営業もやりづらいですねえ。困ります

値上げした他社の市場シェアが、自社と同程度か自社より下で、値上げの理由が単にコストの上昇だったときは、あまり積極的な対応をする必要はないでしょう。

ほかの同業他社も値上げには同調しないでしょうから、値上げした他社は112ページで説

明した需要曲線どおりに需要が少なくなってしまい、場合によっては値上げを撤回するかもしれません。

しかし、値上げした他社の市場シェアが大きく、業界のリーダー的存在だったりすると話は違います。ブランドイメージが良いので、多少高くても消費者は買ってくれるものです。そうなるとほかの同業他社も値上げに同調し、業界全体の価格水準が上がることにもなります。これに取り残されて自社だけが安い価格のままだと、値下げをしたときと同様に、安い製品は良くない製品と思われてしまうこともあるのです。

いやあー、先生のお話を聞いてよかった。ここで聞かなかったら、一生知らないままで終わっていた

ボクもです。要するに健ハニの値決めが済んだ後も、値決めは続けなきゃいけないってことですね。

はい。マーケティングの価格戦略は、製品がライフサイクルを終えて市場から消えるまで続くのですよ。新製品の価格設定は、スタートにすぎません。とは言っても、まずは新製品の「正しい値決め」をしてもらわなきゃね

エピローグ

正しい「価格表示」をしましょう

適正な値決めができたとしても、それを「表示」するときには一定のルールがあります。消費税アップを控え、正しい価格表示をするように徹底しなければなりません。

この章の登場人物

中村先生

渡辺社長

山本くん

伊藤主任

木村さん

小林次長

加藤店長

数日後、渡辺社長は消費税率アップを控えて、店頭などの価格表示についての勉強会を開く。講師は中村先生、メンバーは奇しくも、山本くんが値決めでお世話になった方々だった。さて、中村先生が語る価格表示の方法とは？

1 税込価格か、それとも税抜価格か？

総額表示方式の原則と特例について

あ、伊藤主任、お疲れさまです！　本日は勉強会へのご出席ありがとうございまーす♪

おや、山本くん。今日は勉強会のセッティング、ご苦労さまですねえ。

いえいえ。あれ、原価計算係の木村さん。どうしたんです？　今日は原価の話じゃありませんよ。

失礼な。私だって原価以外の勉強もします……。まあ本当は、ほかに適当な人がいなくて、キミが行ってこいってことになったんですが

木村さんはなんでもできちゃうからですよ。お、小林次長も来られた。小林次長、こっちでーす。

おお山本くん、今日は大切な勉強会だな。おやおや、これはスーパーＫＡＴＯＨの加藤店長、あいかわらずお美しい！　今日はどうされましたか？

おたくの元気な山本くんから勉強会をするって聞いたので、私も勉強させてもらおうかなーって。今日はよろしくお願いしますね。

あなたが加藤店長ですか、山本くんから話を聞きました。山本くんに対する価格設定方法のご説明、感服いたしました。

あとは社長だな。自分で言い出しておいて、いちばん遅いんだから。あいかわらずマイペースな人だ

すまんすまん、遅くなった。健康ハニーたくあんの最後の味が決まらなくてな、もうみなさん、お集まりか？

はい。じゃ、時間なので始めますよ。中村先生、お願いしまーす

経営コンサルタントの中村です。みなさん、本日はよろしくお願いします。話の途中でも、どうぞ自由にご質問ください。本日の勉強会の趣旨は、健康ハニーたくあんの価格表示についてですが……

消費者に対する値札や広告などの価格の表示は長らく、「総額表示方式」が義務づけられていました。しかし、2度にわたる消費税率引上げにあたって、事業者の事務負担に配慮し、特例として税抜価格の表示が認められています。

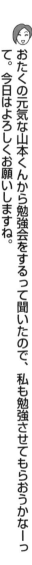

この税抜価格表示を認める特例は、２度目の消費税率引上げ後には期間が終わり、元の総額表示方式に戻ることになっています。そこでこの機会に、総額表示の原則と、特例による税抜価格の表示を確認しておこうと思います。

はい、質問。「総額表示方式」って何ですか？

おやおや、またイロハのイから質問ですか？　困った人ですねぇ

基本から確認しておくのも、いいかもしれませんね。そこから説明を始めましょうか

「総額表示方式」というのは、値札や広告などに価格を表示する場合に、消費税相当額を含んだ支払いの「総額」を表示することを義務づけるものです。つまり、「税抜○○○円」でなく、「○○○円（税込価格）」などと表示しなければなりません。

消費者に対して商品やサービスを販売する、消費税の課税事業者にこの義務があります。

私も総額表示になったときのことは覚えてますが、いつから始まったんでしたかな？

10年ほど前ですよねえ、たしか。

２００４年の４月から実施されてます。それまでは２つの表示が混在していて、税込価格か、それとも税抜価格かわかりにくく、また税抜価格ではすぐに支払額がわからないという状況でした。

そこで、値札など見ればひと目で支払総額がわかる総額表示方式になったのです。

店頭や広告の表示が変わったのは気がついていましたが、仕事上では総額表示を意識したことがありませんね。どうしてでしょう？

ですよねえ。

総額表示の義務づけは、一般的には消費者取引だけが対象です。渡辺食品は小売りをしていないので、事業者間取引だけ。それで、仕事上では意識せずに済んだのでは。

すると、見積書や請求書なども、総額表示の対象ではないのですね？

はい。消費者取引の値札や広告が対象なので、見積書・請求書、それに契約書なども総額表示義務の対象になりません

しかし一方、消費者取引ではすべての価格表示を対象にするので、商品の値札・陳列棚・店内表示・商品カタログから、商品のパッケージ、チラシ、広告、ポスターまで、すべての価格表示で総額表示の義務があります。

あら、じゃあ商品のパッケージにメーカーさんの希望小売価格が税抜で印刷されている場合は、隠すなどの処理をしたほうがいいんですか

いいえ。メーカー希望小売価格も、総額表示義務の対象になりません。あくまでも、小売店さんの値札や棚札などに総額表示が義務づけられているということですよ

2 税抜価格の表示は消費税10%の1年半後まで

総額表示義務に関する特例とは?

それでは次に、「特例」による税抜価格の表示についてお話ししましょうか。

総額表示義務に関する特例は、2度にわたって消費税率の引上げが行なわれるので、その間は「税込価格の表示を要しない」——税抜価格を表示してもよいとしているものです。そのつどの値札の変更など、事業者の事務負担に配慮して設けられました。

ただし……、加藤店長はよくご存じと思いますが、税抜価格の表示には条件が付いています。

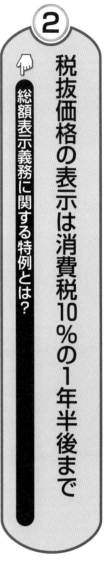

誤認防止措置のことですか?

はい、そうです。「現に表示する価格が税込価格であると誤認されないための措置(誤認防止措

置）を講じている場合に限り」というただし書き付きなのです。

誤認防止措置としての表示は、たとえば値札や広告など、すべての価格表示を資料の例①のいずれかのようにすること。

あるいは、値札などは「○○円」と税抜価格のみで表示し、それとは別に、店内の目に付きやすい場所に、例②のような掲示をはっきりと行なうことです（次ページ図参照）。

また、できるだけ速やかに税込価格を表示するよう務めることともされています。

ふーん、最近は見慣れた価格表示だけど、ちゃんと法律で決まっていたんだ。２度の消費税率引上げの間ってことですが、いつからいつまで税抜表示が認められるんですか？

８％になったのが２０１４年の４月ですが、２０１３年の10月から特例が設けられています。

つまり、８％への引上げの半年前から、税抜価格の表示が認められたわけです。

一方、終了の時期は、10％への引上げが２０１５年10月とされていたときは２０１７年３月でしたが、**引上げが２０１７年４月に延期された時点では、特例も２０１８年９月に延長されました。**さらに２０１９年10月に延期されることになりましたが、要するに、消費税が

10％に引き上げられてから1年半後までということですね。

さて、私の価格表示についての話は、以上で終わりです。これが現在と、将来の「正しい価格表示」ということになります。しかし、正しい価格表示は、「正しい価格設定」がなければできません。価格設定はいろいろたいへんですが、これからも「正しい値決め」をしていきましょう。最後まで話を聞いていただき、ありがとうございました。

138 これが「正しい価格表示」か！

例①

○○○円（税抜価格）

○○○円（税抜）

○○○円（税別価格）

○○○円（税別）

○○○円（本体価格）

○○○円（本体）

○○○円＋税

○○○円＋消費税

例②

当店の価格は全て税抜価格となっています。

「価格設定」は仕事の基本です!

おわりに

■値決めには、いろいろな要素が絡む

最後までお読みいただいて、ありがとうございます。

「値決め」というもの、「価格設定」というものが、ひと筋縄ではいかないことだけは、おわかりいただけたと思います。

製造原価、仕入原価も重要ですし、「この価格で消費者は満足してくれるか」というマーケティングの考えも必要です。言い換えれば、これらすべてを把握しておかないと、正しい値決めはできないのです。

そして最も大切なのが、「経営判断」です。安値で行くのか、高級品志向で行くのか……これらは経営陣が決めることです。しかしだからといって、**一般社員は無関心でいいかとい**

うと、そんなことはありません。

　製造現場、仕入現場の人は、「いくらで作るか」「いくらで仕入れるか」は、価格に直接響きます。ですから、原価のこともマーケティングのことも、基本を押さえておかなければならないのです。


　私は40年以上、松下電工（のちパナソニック電工となり、その後パナソニックと統合）を中心に、さまざまなコンサルティングをしてきました。この本では、その期間に現場で接した出来事をベースにしながら、私なりのノウハウをご紹介してきたつもりです。

　電工の仕事は、住宅関連電気設備及び家電小物、照明など多岐にわたります。そのそれぞれに「価格」が付けられます。しかし実際には現場で価格を変えることもありました。私はずっと、そういう環境にいたのです。

■値段は刻々と変わっていく

　本文でも書きましたが、「これで完璧」という値段はありません。消費者や競合他社の動向を見ながら、価格を上げ下げすることも必要になります。**いったん決めたんだから、これでOK——というものではない**のです。

そして正しい値決めは、しっかりした売上げと利益につながります。それは皆さんご自身の給与にも反映されるでしょう。ですから無関心でいるわけにはいかないのです。

営業マンの方なら、自分が売っている商品の原価は知っておかなければなりません。でないと、値引き要求にどこまで応えていいか、わからないからです。また、マーケット（市場）を常に見ておくことも必要です。

製造現場の方なら、いかに安くて良い商品を作るかを考えるでしょう。仕入現場の方なら、少しでも安く、しかし品物の良いものを仕入れます。

本書は、「値決め」ということを通じて、ビジネスの数字、ビジネスの基本を身につけていただく本です。私はビジネス数字に弱い人は伸びないと思っています。これは「計算」ではなく、数字に対する感性のようなものだと言えるでしょう。

本書を読まれた皆さんが、ビジネス数字のプロ、仕事のプロになっていただければ、これ以上の喜びはありません。

中村　穂

【著者紹介】　中村 穂（なかむら・みのる）

◎――1940年生まれ。関西大学商学部卒業後、総合紳士用品卸に入社。1965年に独立し、以来、松下電工（現在、「パナソニック エコソリューションズ創研」に移行）、武田薬品、市田、大関酒造などの社員教育、傘下得意先のコンサルティング、マーケティング指導にあたってきた。現在、有限会社「創」（商法改正に伴い株式会社CCS）代表取締役。

◎――とくに松下電工（パナソニック）での、工事店、小売店、代理店指導歴は40年以上に及んだ。パナソニック社員研修だけでなく、代理店・電気工事店・工務店・家電店などの経営相談やマーケティング戦略指導などを精力的にこなしてきた。現場主義の経営分析およびマーケティング手法は大きな成果をあげ、各地の代理店、工事店、営業所にファンも多い。会社の数字、原価などからマーケティングまで、オールラウンドの数少ない現場密着型のコンサルタントである。

◎――主な著書に『営業・流通部門強化のための　そのまま使える経営計画マトリックスチャート集』『8つの視点で「経営数字」をガッチリつかむ本』（いずれもかんき出版）、『1週間で「数字に強い営業マン」になれる本』（PHP研究所）、『これでわかった！　仕事の数字』（大和出版）、「小売店・専門店の経営管理フォーマット集」（アーバンプロデュース出版部）などがある。

ビジネスに絶対欠かせない！
正しい「値決め」の教科書

2016年 9月 22日　　第1刷発行

著　者――――中村穂
発行者――――徳留慶太郎
発行所――――株式会社すばる舎
〒170-0013 東京都豊島区東池袋3-9-7東池袋織本ビル
TEL　03-3981-8651（代表）
　　　03-3981-0767（営業部直通）
FAX　03-3981-8638
URL　http://www.subarusya.jp/
振替　00140-7-116563

印　刷――――ベクトル印刷株式会社

落丁・乱丁本はお取り替えいたします
©Minoru Nakamura 2016 Printed in Japan
ISBN978-4-7991-0552-8

●すばる舎の本●

お客様に感謝され、リピートが止まらない!
売り込まなくても売れる秘訣教えます!

売れる人が大切にしている!
「売り方」の神髄

松野 恵介[著]

◎四六判並製　◎定価:本体1400円(+税)

◎ISBN978-4-7991-0529-0

1200社の売上アップに貢献してきたコンサルタントが伝授する!　営業、販売員、商店主が一生使えるセールスの極意!

http://www.subarusya.jp/